50歳に
なったら
知っておきたい
年金・介護・高齢期の
住まい・成年後見制度・
リタイア後のお金
入門

社会保険労務士・CFP®
社会福祉士
音川 敏枝 著

ビジネス教育出版社

はじめに
待ったなしの人生100年時代到来
～2040年に予想される高齢化率は35・3％

統計によれば、100歳以上の高齢者は全国で6万7824人、調査を開始した1963年の153人から比べると驚異的な伸びです（2017年厚生労働省）。人口が21万人減少する中、90歳以上は206万人と初めて200万人を超えました。65歳以上の高齢者（以下「高齢者」）は3514万人（前年比57万人増）、総人口に占める高齢者人口の割合は27・7％と過去最高、かつ世界で最高となりました（2017年総務省推計）。今後も上昇を続け、団塊ジュニア世代（昭和46年～49年生）が65歳になる2040年（平成52年）には35・3％になると予想されています（国立社会保障・人口問題研究所推計）。

人生100年時代を考えたリタイア後の危機は、団塊世代が75歳になる2025年より、団塊ジュニア世代が65歳になる2040年の方がもっと深刻なのです。団塊世代はまだ、団塊ジ

人生100年時代に備えが必要なのは団塊ジュニア世代かも！

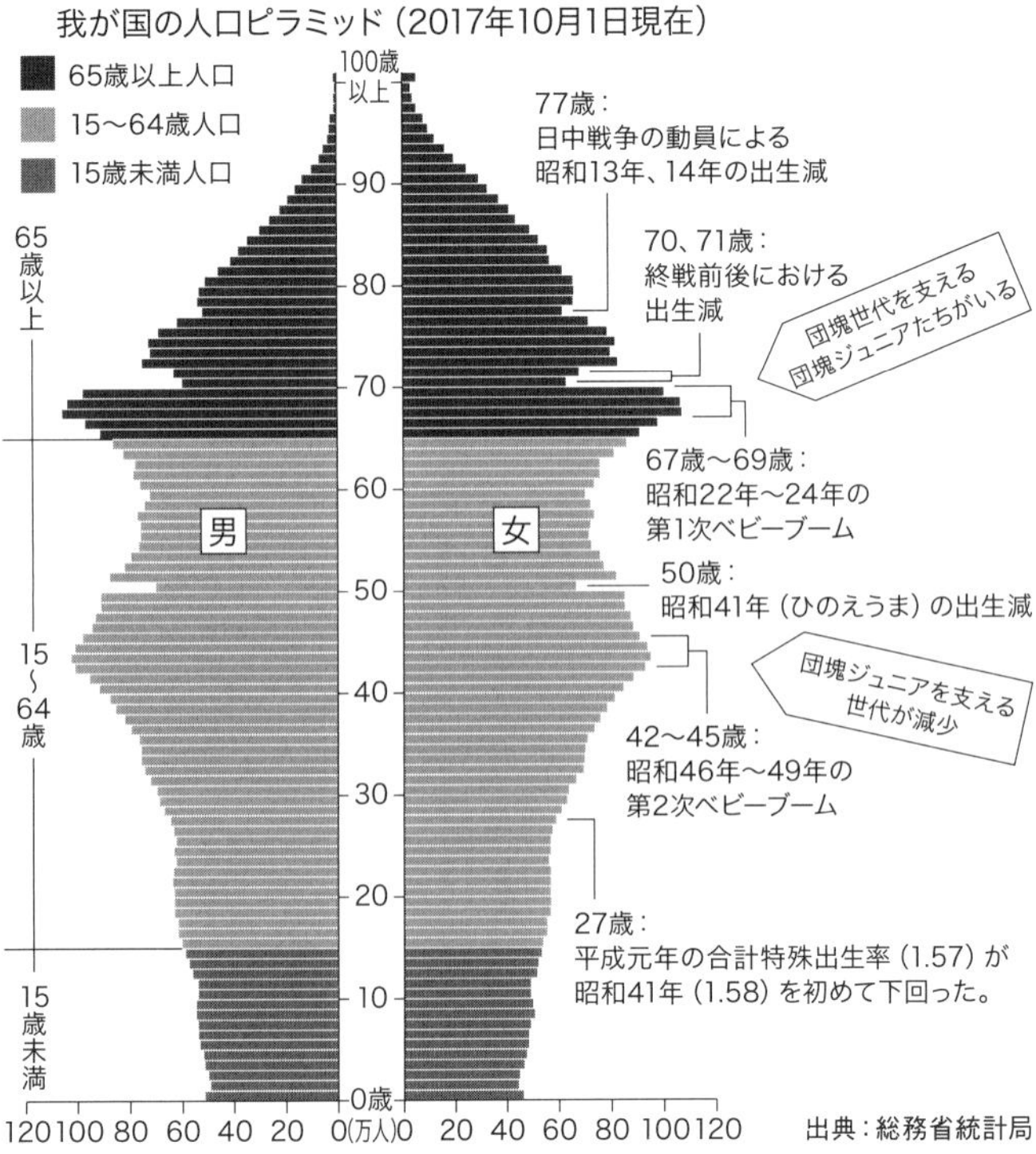

ュニア世代たちが何とか支えてくれました。しかし、団塊ジュニアを支える世代は減少一途です。

40歳代・50歳代以降の人が本書を読み、社会保険の実態と変化に気づき行動することで、快適な未来を創造するときの参考にしていただければ幸いです。

50歳になったら知っておきたい 年金・介護・高齢期の住まい・成年後見制度・リタイア後のお金 入門◉目次

第2章　国民年金（老齢基礎年金等）の受給額・受給方法など

第3章　国民年金独自の給付とゆとりある老後に備える制度

第4章　厚生年金制度の保険料・受給額の計算方法など

第5章　在職老齢年金と雇用保険
～働きながら受給する年金と雇用保険との調整

第6章　遺族厚生年金の内容と年金額
もしものときに備えて制度を理解しましょう

第9章　成年後見制度等

～法定後見制度・任意後見制度等を理解しよう

第10章　リタイアメントプランと投資等
～お金の準備について考える

第1章

誰もが加入する国民年金

そのしくみと保険料など

1 将来のお金のことを考えるとき「年金」はとても大切

～公的年金制度のしくみ、わかっていますか？

日本の年金制度には、「公的年金」「企業年金」「民間の私的年金」の三つがあり、長くなった老後を支えるのに欠かせないのが**公的年金**です。現役世代と年金受給者との総受給額格差など課題も山積みですが、受給して初めて有り難さに気づく「お宝資産」です。

公的年金には、**国民年金**と**厚生年金保険**（以下「**厚生年金**」）の二つがあり、職業や就労のしかたなどで加入する年金制度が異なります。厚生年金の被保険者は、同時に国民年金の被保険者となります。なお、平成27年10月に共済年金が厚生年金に一元化され、共済組合の組合員・加入者等は厚生年金の被保険者となりました。

その他、公的年金に上乗せ給付をするものとして、企業独自の厚生年金基金・確定給付企業年金や確定拠出年金（企業型）・国民年金基金等があり、個人型確定拠出年金·iDeCoの導入（平成29年1月）で、ほぼ現役世代全員が確定拠出年金に加入可能となりました。併せて民間会社等の個人年金保険があります。

公的年金制度は２階建て

（アミかけ部分が公的年金です）

		企業年金
国民年金基金		厚生年金
国民年金（国民年金から支給される年金を「基礎年金」という）		
第１号被保険者 自営業者・学生・ フリーランスの人・ 農林漁業者等 20歳以上60歳未満	**第３号被保険者** 第２号被保険者の 被扶養配偶者 20歳以上60歳未満	**第２号被保険者** 民間会社・公務員・ 私学共済等の加入者等 原則65歳未満の人※

※老齢基礎年金の受給権がある65歳以上の人は第２号被保険者とならないので、扶養されている20歳以上60歳未満の配偶者は、市役所等で国民年金の第１号被保険者に切替え手続きを行い、その後は国民年金の保険料を納付。

男女別公的年金被保険者数

公的年金の被保険者数は、平成28年度末現在6,731万人となり、前年度末比19万人（0.3%）増加、被保険者数を男女別にみると、男子は3,500万人となり、前年度末比17万人（0.5%）増加、女子は3,231万人となり、前年度末比2万人（0.1%）増加しています。

（平成28年度末現在、単位：万人）

	総数	国民年金第１号被保険者	厚生年金被保険者（国民年金第２号被保険者等）			国民年金第３号被保険者
				厚生年金保険（第１号）	厚生年金保険（第２～４号）	
総数	6,731	1,575	4,266	3,822	445	889
男子	3,500	816	2,673	2,398	275	11
女子	3,231	759	1,594	1,424	170	878

注1．国民年金第1号被保険者には、任意加入被保険者を含む。
　2．厚生年金被保険者には、国民年金第２号被保険者のほか、65歳以上で老齢または退職を支給事由とする年金給付の受給権を有する被保険者が含まれている。
※厚生年金保険（第２号～４号）は共済組合等の組合員等たる厚生年金の被保険者
（平成28年度　厚生年金保険・国民年金事業の概況　厚生労働省・年金局）

2 20歳以上60歳未満の人はすべて国民年金に加入、さらに民間会社等で働く70歳未満の人は厚生年金に加入

日本に住所がある**20歳以上60歳未満の人**（外国籍含む）**はすべて国民年金に加入**し、一定の要件を満たすと**基礎年金**を受給できます。**国民年金の被保険者の種別**（以下「種別」）は三つあり、職業等で第1号被保険者、第2号被保険者、第3号被保険者に分かれます。国民年金の種別に変更があったときは、種別変更の手続きが必要です。会社員等（夫）が60歳過ぎで退職した場合、扶養されていた妻が60歳未満なら第3号被保険者から第1号被保険者へ切替えの手続きを市区町村役場で行い、国民年金の保険料を60歳になるまで納付します。夫婦の働き方や加入制度が変わったとき等は、いつも手続きを意識しておきましょう。

民間会社で厚生年金に加入して働く人や共済組合の組合員等（被保険者）は、一定の要件を満たすと、国民年金から支給される基礎年金に上乗せして**厚生年金**を受給できます。厚生年金加入者の年金額が多いのは、国民年金と厚生年金の二つを受給できるからです。

公的年金から支給される年金の種類は三つです。①高齢期の所得保障となる**老齢年金**、②被

国民年金の被保険者の種別は３つ

種別	加入者	保険料納付のしかた
第1号被保険者	20歳以上60歳未満の自営業・自由業・無職の人。学生・農林漁業従事者等	国民年金保険料は自身で納付（免除・猶予制度等あり）
第2号被保険者	70歳未満が加入可。ただし、老齢基礎年金の受給権がある65歳以上は除く	厚生年金保険料（国民年金保険料含む）を給与等から天引き
第3号被保険者	第２号被保険者に扶養される20歳以上60歳未満の配偶者（男女問わず）。年収130万円未満	保険料は自身では納付せず、配偶者が加入している制度が負担（第３号被保険者期間は保険料納付済期間となる）

年金給付の種類は３つ

老齢年金	高齢期の所得保障
障害年金	障害状態になった場合、被保険者等の所得保障
遺族年金	死亡した場合、遺族に対する所得保障

保険者等が障害状態になったときの**障害年金**、③被保険者等が死亡したとき遺族への保障となる**遺族年金**があります。

3 私の年金、いつからいくら？

～モデル世帯の年金額、18年間で約20万円減少

年金の質問で多いのは、次の三つです（多い順）。

①一つ目は、私の年金、いつからいくら？

②二つ目は、男性なら在職老齢年金、女性なら夫が亡くなったときの遺族年金の金額。

③三つ目は、夫婦の働き方・生年月日などで決まる加給年金額と振替加算の額です。

皆さん、自分のことがわかると、「他の人はどのくらいもらっているのか」気になるようです。そんなとき、目安として厚生労働省が毎年1月末頃に発表している標準（モデル）的世帯の受給年金額をお知らせしています。もちろん、モデル世帯の金額なので実際の受給額より高めですが、イメージとして知っておくとよいでしょう。表にしてみると、毎年、年金額は微妙に減っており、この18年間で国民年金（一人分）年約2・5万円（月２０７６円）減、厚生年金世帯で年約20万円（月1万６８４８円）減。高齢者のため息が聞こえてきそうな減少額ですね。

上記は、40年加入した場合の年金額のイメージなので要注意。実際に国民年金に40年加入し

寿命が順調に延びているのに、モデル世帯の年金額が減っている
今なら間に合う、加入期間を延ばして年金額を増やしておこう！

標準(モデル)世帯の65歳からの年金額(月額)の推移

（単位：円）

平成	12年度	15年度	18年度	21年度	24年度	27年度	30年度
国民年金（満額）老齢基礎年金額・1人分	67,017	66,416	66,008	66,008	65,541	65,008	64,941
夫・厚生年金加入（※）夫婦2人分の老齢基礎年金額含む	238,125	235,992	232,592	232,592	230,940	221,507	221,277

※夫の平均的収入36万円（平成27年度以降は42.8万円、賞与含む）で40年加入。妻はその間すべて専業主婦で試算

(参考)実際の受給者の平均年金額(月額・老齢)

平成29年3月末

国民年金	55,446円	厚生年金（厚生年金基金代行部分含む）	147,927円

（厚生労働省の資料を基に作成）

ている人（特に女性）はそう多くないことも承知しておきましょう。

4 「年金額はいくら？」の前に、受給資格があるかが大事

～老齢基礎年金の受給資格期間25年が10年に短縮

老齢基礎年金は、保険料納付済期間（厚生年金や共済組合等の加入期間を含む）と保険料免除期間等の合計が**10年以上**（平成29年8月1日施行）あれば、原則65歳から受給できます。

受給資格期間は、次の①～⑤の期間を合計した期間をいいます。

①国民年金の保険料を納付した期間
②国民年金保険料の免除（一部免除期間は、減額された保険料を納付した期間）・学生納付特例等の納付猶予を受けた期間
③厚生年金（船員保険含む）の被保険者および共済組合の組合員等であった期間
④国民年金の第3号被保険者の期間（昭和61年4月以降、厚生年金・共済組合の加入者などの被扶養配偶者として第3号被保険者になった人）
⑤国民年金に任意加入できた人が任意加入していなかった期間（合算対象期間・カラ期間）等。昭和36年4月から61年3月までに、厚生年金・共済組合の加入者等の配偶者が国民年金に任意加入しなかった期間、または任意加入したが保険料未納期間

年金受給に必要な受給資格期間

①国民年金の保険料を納付した期間

＋

②国民年金の保険料の免除・納付猶予を受けた期間

＋

③厚生年金の被保険者・共済組合の組合員等の期間

＋

④国民年金の第3号被保険者になった期間

＋

⑤国民年金に任意加入できた人が任意加入しなかった期間（カラ期間）等　＋　⑥⑦⑧

‖　※⑥～⑧の詳細は下に説明

原則25年必要（平成29年8月1日より10年に）

ポイント

年金加入歴の調査の結果、平成29年７月末までの間に、受給資格期間25年を満たし受給年齢に達していれば、原則、受給資格期間を満たしたときに遡って年金を受給できます。

受給資格期間の詳細

⑥昭和36年４月から61年３月までの間に、以下の人が国民年金に任意加入しなかった期間または任意加入したが保険料を納付しなかった期間（カラ期間）
- 厚生年金（船員保険含む）・共済組合等の老齢（退職）年金受給者とその配偶者
- 厚生年金（船員保険含む）・共済組合等の障害年金受給者とその配偶者
- 厚生年金（船員保険含む）・共済組合等の遺族年金受給者
- 厚生年金（船員保険含む）・共済組合等の老齢（退職）年金の受給資格を満たした人とその配偶者

⑦昭和36年４月以降、海外在住者、学生等（平成３年３月31日まで）が国民年金に任意加入しなかった期間、または任意加入したが保険料未納期間

⑧昭和36年４月以降、厚生年金・船員保険の脱退手当金を受け取った期間（大正15年４月２日以降生まれで、昭和61年４月から65歳になるまでの間に国民年金の保険料納付済期間および免除期間がある人に限る）

※④～⑦は、すべて20歳以上60歳未満の期間
※⑤～⑧は、受給資格期間に含むが、年金額に反映されない期間（カラ期間）

5 国民年金の月額保険料

～平成30年度1万6340円、31年度1万6410円

平成30年度の国民年金の保険料は月額1万6340円、平成16年年金改正で決まった30年度の法定保険料1万6900円（平成16年度価格・上限）より560円低くなりました。保険料は原則翌月末までに納付します。平成31年度の保険料は月額1万6410円です。

平成29年4月から割引額が大きい「2年前納」が、これまでの口座振替に加え、現金またはクレジットカードでも利用可能になりました。なお、口座振替と、現金またはクレジットカード納付で割引額が異なります。現金（納付書）による前納は、年金事務所に申し出ることで、任意の月から年度末、または翌年度末までの保険料を納付することも可能です。

口座振替の申込みは、預貯金口座がある金融機関（ゆうちょ銀行含む）の窓口、または年金事務所（郵送可）へ「国民年金保険料口座振替納付（変更）申出書（※）」を提出します。口座振替の申込みには、基礎年金番号の記入、金融機関届出印の押印が必要です。

※日本年金機構ホームページ（国民年金前納割引制度）からのダウンロードも可能です。

国民年金保険料額と割引額(平成30年度)

本来の保険料の1年分は約20万円、2年分は約40万円とかなり高額。「前納がお得」とわかっていても利用できる人は限られそうです。

	口座振替	振替日	現金およびクレジット
2年前納	377,350円 (15,650円)	5月1日	378,580円 (14,420円)
1年前納	191,970円 (4,110円)	5月1日	192,600円 (3,480円)
6ヵ月前納	96,930円(1,110円)	5月1日 10月31日	97,240円(800円)
早割※	16,290円(50円)	毎月月末	ー
通常納付	16,340円(なし)	翌月末振替	ー

・(　)内は、毎月納める金額と比較した割引額
・任意加入被保険者の保険料納付は原則口座振替による
※早割：口座振替の引落し日を当月末月とすることで、保険料が毎月50円割引
(注) 口座振替・クレジットカードによる2年前納、1年前納、半年前納(4月～9月)は、平成30年2月末が申込み期限。現金納付なら4月中は手続き可。早割は随時可

第1号被保険者に対する産前産後期間の保険料免除制度～平成31年4月施行

平成31年4月から、第1号被保険者に対する「産前産後期間の保険料免除制度」が施行されます。これに伴い、31年4月分の保険料から平成16年度価格で月100円上がりますが、実際の保険料は名目賃金の変動で改定するルールにより16,410円(※)となりました。

国民年金の保険料　　　(　)内は前年度比

平成29年度	平成30年度	平成31年度
16,490円(+230円)	16,340円(－150円)	16,410円(+70円)※

6 国民年金の保険料の納付が困難なとき

～保険料免除を申請できます

国民年金の保険料の納付等が困難な場合、申し出ることで保険料の納付が**免除**または**猶予**されます。制度を利用すると、将来の年金（老齢年金）や、障害が発生または死亡した場合、障害年金や遺族年金の受給資格を満たすこともできます。本人の申請により、保険料が「全額免除」または「一部免除」されます。保険料の全額が免除されるのが**全額免除**、一部免除は**4分の3免除**、**半額免除**、**4分の1免除**があります。過去2年（申請月の2年1ヵ月前の月分）まで遡って免除の申請が可能です。なお、国民年金の保険料の国庫負担割合が3分の1から2分の1に引き上げられ（平成21年4月）、免除が承認された期間は、全額納付した場合と比べ年金額は少ないが、優遇されています。免除申請は、本人、配偶者、世帯主各々の前年所得が一定以下の場合に可能です。申請する場合は、「国民年金保険料免除、納付猶予申請書」を、お住まいの市（区）町村役場の国民年金窓口、またはお近くの年金事務所（郵送可）に提出します（申請書は窓口、日本年金機構のホームページにあります）。全額免除でも年金額は2分の1受給でき、10年以内なら追納して年金額を増やすことも可能です。

免除が承認された場合の保険料額　（平成30年度）

	全額免除	４分の３免除	半額免除	４分の１免除
保険料額（月）	0円	4,090円	8,170円	12,260円

全額納付に対する、受給年金額の割合

	平成21年３月分まで	平成21年４月分以降
全額免除	2／6	4／8
４分の３免除	3／6	5／8
半額免除	4／6	6／8
４分の１免除	5／6	7／8

免除申請できる前年の所得

全額免除	（扶養親族などの数＋１）×35万円+22万円 翌年度以降の継続申請可	
４分の３免除	→78万円	＋扶養親族などの控除額＋社会保険利用控除額等 一部免除は、毎年申請が必要
半額免除	→118万円	
４分の１免除	→158万円	

平成30年７月～ 31年６月分申請は29年中の所得で審査

7 DV被害・災害に遭遇・退職（失業）したとき
～国民年金の保険料の特例免除を申請できます

ＤＶ・災害・退職または失業等を理由とする免除である**特例免除**は、本人の前年所得にかかわらず災害や失業があった月の前月から免除申請ができます。世帯主や配偶者がいる場合は、世帯主や配偶者が所得要件を満たしていることと、失業などの特例に該当することが要件です。承認された期間は全額免除となり、年金額は2分の1受け取れます。申請は、住民票のある市（区）町村役場に「国民年金保険料免除申請書」を提出します。申請時に、災害による被害額や退職・失業等の証明書類（雇用保険受給資格者証・離職票等）、年金手帳または基礎年金番号がわかるもの等が必要です。10年以内なら免除を受けた期間の追納をして、将来の年金額を増やすことも可能です。

特例免除制度は意外と知られていません。通常の免除制度と異なり、申請者本人の前年所得を考慮せず審査されるのが特徴です。自分や配偶者等の働く状況が変わったとき、即自分の場合利用できる制度はないか調べましょう。なぜなら申請時から2年1ヵ月以上前の期間は時効により申請できないからです。申請は年度ごと（7月～翌年6月まで）に毎年必要です。

特例免除申請は、申請者本人の前年の所得を考慮しない

前年の所得審査の内容が異なる

通常の免除制度 → 申請者本人の所得・配偶者の所得・世帯主の所得

特例免除制度 → ~~申請者本人の所得~~・配偶者の所得・世帯主の所得

※配偶者から暴力を受けた人で配偶者と住所が異なる人の所得が一定以下の場合、特例免除を申請可能
世帯主の所得が関係することがあるので年金事務所等に相談ください

特例免除の申請が可能な期間
（平成30年4月に申請する場合）

災害・失業等が発生した年（注1）	特例免除の申請が可能な期間
平成28年（1月〜12月）	失業等の前月（注2）〜平成30年6月
平成29年（1月〜12月）	失業等の前月（注2）〜平成30年６月（注３）

（注１）　失業した日は離職日の翌日
（注２）　申請時から２年１ヵ月以上前の期間は時効により申請不可
（注３）　平成30年７月以降の期間は、７月以後申請可

8 国民年金の納付猶予制度等

～学生の納付特例制度・納付猶予制度

20歳以上の学生の前年所得が一定以下（扶養親族がない場合118万円以下、扶養親族がある場合1人38万円を目安として加算）の場合、申請して承認されると、学生期間の国民年金保険料の納付が猶予されます（**学生納付特例制度**）。猶予される期間は申請月以前の4月から翌年3月までで、申請は毎年必要です。住民票がある市区町村役場の国民年金の窓口に「国民年金保険料学生納付特例申請書」を提出します。平成20年4月から大学等で学生納付特例に係る申請を代行しています。申請には、年金手帳と認印、在学証明書または学生証の写し、前年の所得がわかる書類（課税証明書・源泉徴収票等）が必要です。

50歳未満（平成28年6月までは30歳未満）で本人および配偶者の所得が一定以下の場合、「国民年金保険料免除・納付猶予申請書」で申請して承認されると保険料の納付が猶予されます（**納付猶予制度**。平成37年6月までの時限立法）。**学生納付特例期間・50歳未満の納付猶予期間**は、老齢年金の受給資格期間に算入されますが、年金額に反映されません。10年以内なら追納して将来の年金額を増やすことも可能です。

免除期間と納付猶予期間等の受給資格期間と年金額

	老齢基礎年金		障害基礎年金・遺族基礎年金（受給資格期間への算入）
	受給資格期間への算入	年金額への反映	
納付	○	○	○
全額免除◆	○	○	○
一部納付（※）★	○	○	○
納付猶予◆・学生納付特例★	○	×	○
未納	×	×	×

※一部納付の承認を受けている期間は、一部納付の保険料の納付が必要
◆継続申請可能（ただし、特例免除は毎年申請要）
★毎年申請要

手続きをするメリットは、次のとおりです。保険料を免除された期間は、本来の老齢年金額の2分の1（※）を受け取れます。ただし、手続きをしていたが未納だった場合、2分の1は受け取れません。

（※）平成21年4月以降は、2分の1が国庫負担とされています。

保険料免除・納付猶予を受けた期間中に、ケガや病気で障害や死亡といった不慮の事態が発生した場合、一定の要件を満たせば、障害年金や遺族年金を受け取ることができます。

保険料の「免除」と「納付猶予（学生の場合は学生納付特例）」は、上記の表のとおり、その期間が年金額に反映されるか否かで違いがあります。

コラム

公的年金の受給開始年齢を70歳以降の選択も可能に

～70歳以降の繰下げ率は今後検討

国の財政と国民の暮らしを維持するために、国は高齢化で増え続ける年金等の負担リスクに対応できるしくみ作りを始めました。高齢社会の在り方を検討する「内閣府有識者検討会」は、公的年金の支給開始年齢を75歳まで遅らせることも選択できる「高齢社会対策大綱」を閣議決定（２０１８年2月16日）、２０２０年の法律改正を目指すようです。現在、65歳から受給する年金を、66歳から70歳の間で受給年齢を選べますが、75歳まで遅く（繰下げ）できるようになります。70歳で受け取ると42％増です。70歳以降の繰下げ率は今後決定されます。

ちなみに、２０１６年度末の繰下げ受給者の割合は２％未満とごくわずか、どれだけの利用者がいるか疑問です。むしろ、こうした流れが本来の年金の支給開始年齢を65歳より遅くする布石でないことを祈ります。確かに繰下げで老後の年金額は増えますが、医療や介護の保険料、医療の治療代や介護サービス利用時の負担などが高額になる可能性もあります。

今後も社会保険・税などは変わりそうです。ますます、年金だけでなく、世の中全体の変化を受け止めたバランス感覚を持った選択が求められますね。

第2章

国民年金（老齢基礎年金等）の受給額・受給方法など

1 国民年金から受け取れる老後の年金（老齢基礎年金）額

～満額で77万9300円（平成30年度）

老齢基礎年金（国民年金から支給される老後の年金）は、保険料納付済期間と保険料免除期間等とカラ期間（合算対象期間）の合計で10年（平成29年7月までは25年）を満たした場合、原則65歳から受け取れます。老齢基礎年金額は、20歳から60歳になるまで原則40年間（480月）保険料を納付すると、満額で77万9300円です。未納期間や免除期間等があれば、その期間分の年金額は減額されます。

ただし、保険料を納付して加入する国民年金制度が成立した昭和36年4月1日に既に20歳を過ぎていた人（昭和16年4月1日以前生）は、60歳になるまで国民年金に加入しても40年になりませんでした。そのため、生年月日により加入可能月数を用いて年金額を計算します。つまり、加入月数が同じでも生年月日により年金額が異なるケースがあります。

よくある質問が「国民年金に1年加入（納付済）で65歳からの年金額はいくら増える？」です。満額の77万9300円を40年で除すると約2万円弱（779,300円÷40年）。年金額をざっくりイメージして将来のプランニングに役立てていただけたらと思います。

老齢基礎年金の受給資格期間＝

保険料納付済期間 ＋ 保険料免除期間等 ＋ カラ期間 ≧10年

◆老齢基礎年金額＝

779,300円×（保険料納付月数＋保険料免除月数※）／加入可能月数

平成30年度満額

（昭和16年4月2日以降生は480月）

〈国民年金は1年加入で約2万円増える〉

※年金額は免除割合により異なる。第1章29ページ参照

主な生年月日による加入可能年数(月数)

生年月日	昭和13.4.2～14.4.1	昭和14.4.2～15.4.1	昭和15.4.2～16.4.1	昭和16.4.2～
年（月）	37年（444月）	38年（456月）	39年（468月）	40年（480月）

例 昭和16年4月1日以前生まれと16年4月2日以降生まれで異なる年金額

国民年金に30年（360月）加入　（納付済）

・昭和15年4月2日生
　779,300円×360月／468月＝599,462円（円未満四捨五入）

・昭和28年4月2日生
　779,300円×360月／480月＝584,475円（円未満四捨五入）

2 老齢基礎年金の繰上げと繰下げ(その1)

〜率だけでなく、長い老後を快適に暮らす視点が大事

本来65歳から受け取る老齢基礎年金を60歳以降希望するときから繰り上げて受け取るのが**繰上げ**で、66歳以降希望するときから70歳までに受け取るのが**繰下げ**です。昭和16年4月1日以前生まれの人は年単位で減額・増額率が決まり、昭和16年4月2日以降生まれの人の繰上げは繰り上げた月数ごとに0・5％減額、繰下げは繰り下げた月数ごとに0・7％増額されます。

ただし、繰上げすると生涯減額率は変わらず、繰上げ請求後に障害の状態が重くなっても障害年金の請求はできません。60歳0月で繰上げした場合の受給総額のおよその損益分岐年齢は約77歳。それより長生きなら、繰上げ受給よりも65歳から受給するほうがお得です。病気が重く長生きできそうもない、経済的に苦しい等の場合などはしかたありませんが、私の場合はどうなのか、よく考えて慎重に選びたいものです。

国民年金世帯の繰上げは特に要注意。60歳くらいで病気になったとき、親族や友人のアドバイスで慌てて繰上げ請求する人もいます。請求の前に年金事務所や市区町村の国民年金課などに、ベストの選択か相談してください。他に選択肢があるかも知れません。

繰上げ・繰下げした場合の支給率

昭和16年４月２日以降生まれの人の
老齢基礎年金の繰上げ支給率(%)

65歳０ヵ月は100%

	0月	1月	2月	3月	4月	5月	6月	7月	8月	9月	10月	11月
60歳	70.0	70.5	71.0	71.5	72.0	72.5	73.0	73.5	74.0	74.5	75.0	75.5
61歳	76.0	76.5	77.0	77.5	78.0	78.5	79.0	79.5	80.0	80.5	81.0	81.5
62歳	82.0	82.5	83.0	83.5	84.0	84.5	85.0	85.5	86.0	86.5	87.0	87.5
63歳	88.0	88.5	89.0	89.5	90.0	90.5	91.0	91.5	92.0	92.5	93.0	93.5
64歳	94.0	94.5	95.0	95.5	96.0	96.5	97.0	97.5	98.0	98.5	99.0	99.5

昭和16年４月２日以降生まれの人の
老齢基礎年金の繰下げ支給率(%)

70歳０ヵ月は142%

	0月	1月	2月	3月	4月	5月	6月	7月	8月	9月	10月	11月
66歳	108.4	109.1	109.8	110.5	111.2	111.9	112.6	113.3	114.0	114.7	115.4	116.1
67歳	116.8	117.5	118.2	118.9	119.6	120.3	121.0	121.7	122.4	123.1	123.8	124.5
68歳	125.2	125.9	126.6	127.3	128.0	128.7	129.4	130.1	130.8	131.5	132.2	132.9
69歳	133.6	134.3	135.0	135.7	136.4	137.1	137.8	138.5	139.2	139.9	140.6	141.3

3 老齢基礎年金の繰上げと繰下げ（その2）

～妻が繰り上げた後に会社員などの夫が死亡の落とし穴

事例1 老齢基礎年金（40年納付済）を60歳0ヵ月で繰上げ受給中の妻（62歳）で、厚生年金に20年以上加入、または在職中の会社員などの夫が死亡した場合をみてみます。65歳前の年金は、夫の死亡で受給権が発生する遺族厚生年金と妻が繰り上げて減額された老齢基礎年金の両方は受けられません。一般的に、この妻の場合、夫の遺族厚生年金（加算含む）を65歳まで受け取り、65歳以後は、遺族厚生年金と減額された老齢基礎年金を受け取ります。繰上げにより受け取れる今現在の年金額、長生きも考慮した年金額と、現在の健康状態や経済力も考えた選択が求められます。

事例2 国民年金に加入（40年納付済）した夫が病気になり、老齢基礎年金を60歳0ヵ月で繰上げし6ヵ月間受給後に死亡した場合でみてみます。夫死亡当時59歳だった妻（国民年金40年納付予定）に遺族年金は支給されません。夫の病が重いなら、繰上げ請求しなければ「寡婦年金」または「死亡一時金」を受給できる選択肢もありました。会社員などに比べ、国民年金世

事例1 会社員世帯

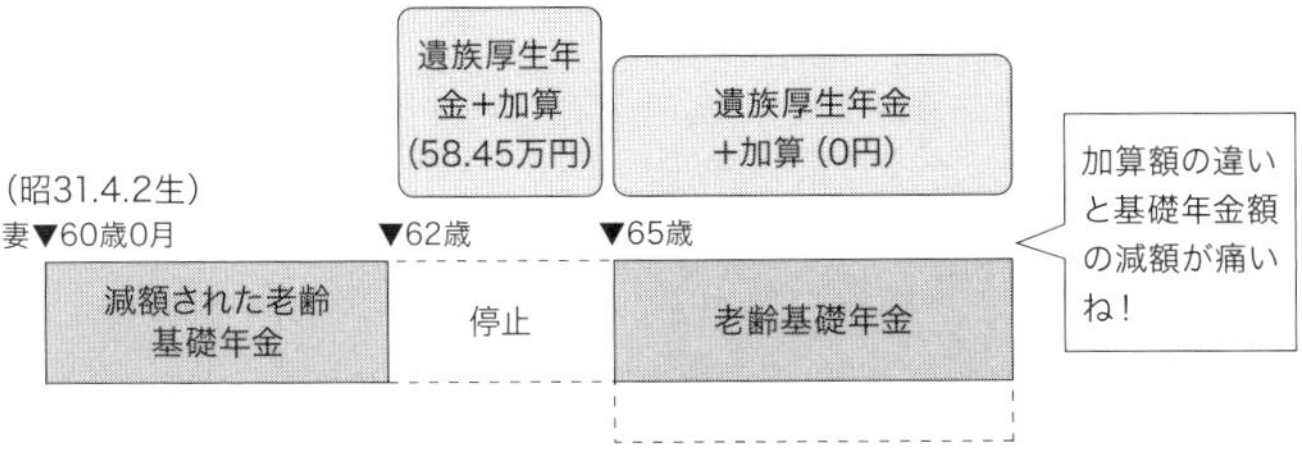

事例2 国民年金世帯 (夫は第1号被保険者期間480月納付済と仮定)

・夫60歳で繰上げ請求し、6月間老齢基礎年金を受給後死亡

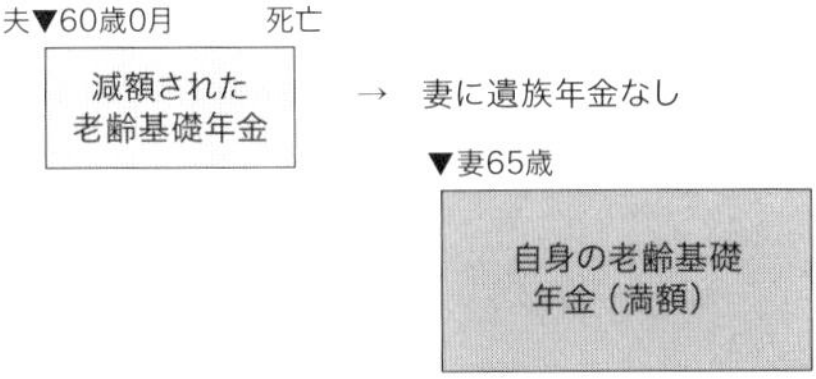

・夫繰上げせずに死亡、妻は寡婦年金または死亡一時金のいずれか
選択して受給

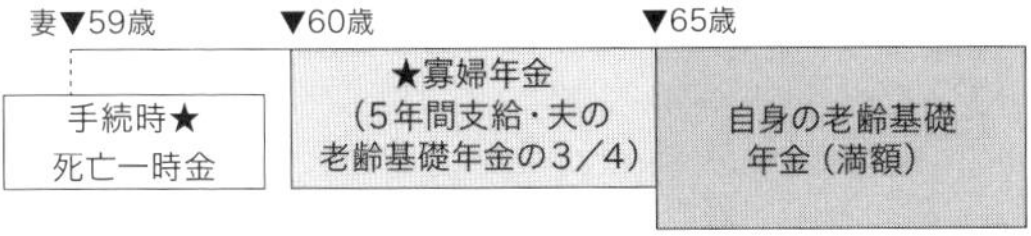

★死亡一時金と寡婦年金はいずれかを選択
★死亡一時金を選択した場合は32万円・請求は死亡後2年以内

帯は情報が入りにくいのも事実ですが、手続きのしかたで受取総額が大きく違うことを知ってほしいと思います。

4 老齢基礎年金の繰上げと繰下げ（その3）

〜繰下げ受給は寿命と健康との戦いを肝に銘じたい

本来65歳から受け取る年金を、66歳以降70歳になるまでの希望するときに受け取れるのが繰下げです。繰り下げる月数ごとに0・7％の割合で増額になるので、投資商品の利回り、金利等と比べお得感もありますが要注意。夫婦や本人の加入年金と加入状況、生年月日、経済状態、健康状態等で一概に有利とはいえません。次のような高齢期特有の経済・健康事情もあります。

①繰下げ待機中は年金が受け取れないので、前提は経済状態にゆとりがある。
②平均寿命が延びたとはいえ、自分の楽しみのためにお金を使える期間は限られている。
③認知症になれば年金請求を忘れがちまたは遅れがち。
④振替加算の額に0・7％の加算はない（44ページ参照）。

平均寿命が延びていますが、誰にでも有利になる保障はありません。生存していれば受け取れる老後の年金は長生きすればお得ですが、自分で使えてこそ意味があるお金です。なお、国は今後公的年金の受給開始を75歳まで遅らせることも選択できる制度改正を決定しました。

老齢基礎年金の繰下げのイメージ

(約78歳以上生存なら繰下げがお得)

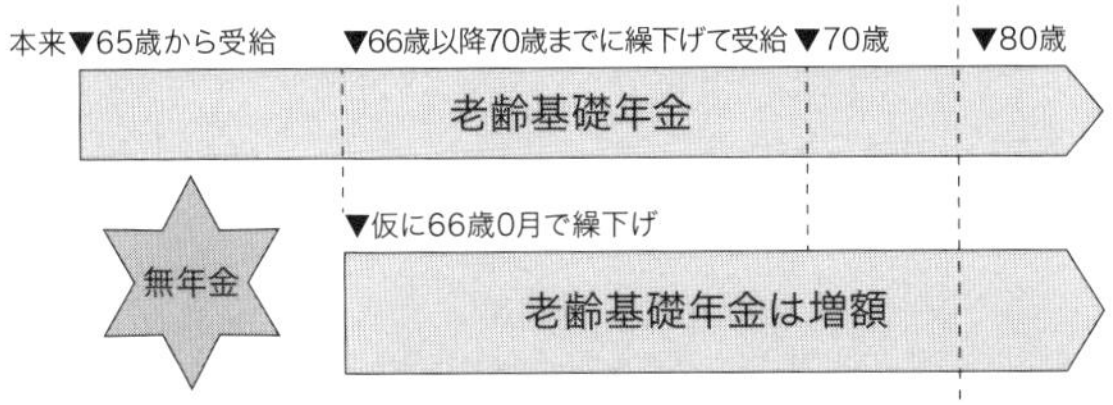

平均寿命と健康寿命(平成28年)

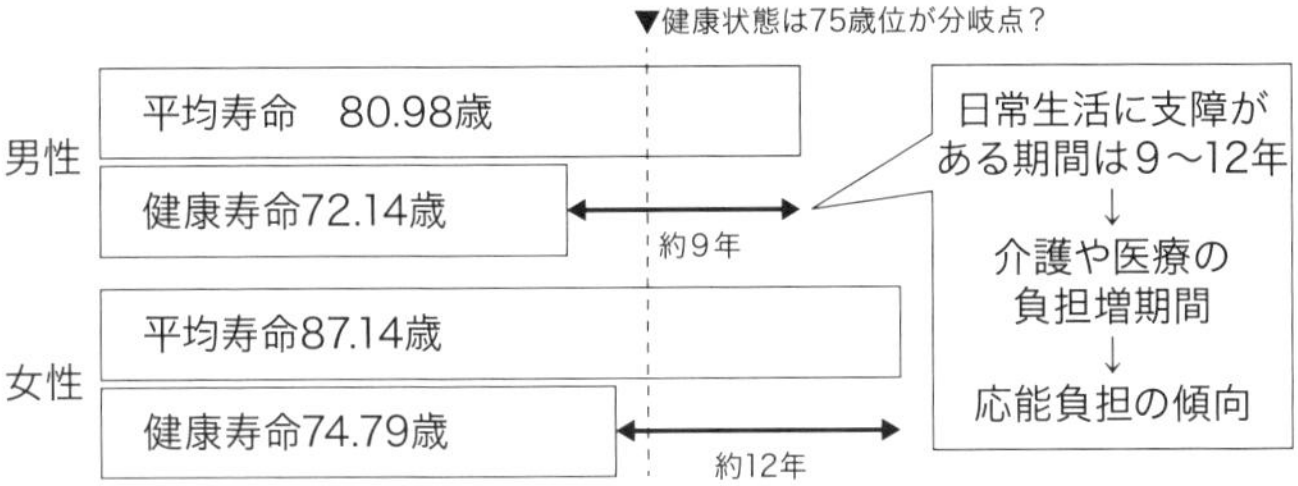

※平均寿命は平成28年簡易生命表(厚生労働省)、健康寿命は平成28年日生基礎研究所保険研究部準主任・研究員・松村容子氏資料を参考に作成

なお繰下げは、原則66歳以降からですが、仮に年金の受給権が65歳以降に発生した場合、受給権発生から1年後からの繰下げとなります。

5 老齢基礎年金の繰上げと繰下げ（その4）

～繰り下げても振替加算の額に0・7％の加算はない

夫（妻）が受けている老齢厚生年金や障害厚生年金に加算されている加給年金額の対象者になっている妻（夫）が65歳になると、それまで夫（妻）に支給されていた加給年金額が打ち切られます。このとき妻（夫）が老齢基礎年金を受けられる場合には、一定の基準により妻（夫）の老齢基礎年金の額に加算されるのが**振替加算**です（【例1】参照）。

老齢基礎年金に振替加算が加算された人が繰下げした場合、老齢基礎年金額は繰り下げた月数ごとに0・7％増額されますが、振替加算は増額されません。また、振替加算は、老齢基礎年金を受給するときから支給が開始されます。会社員世帯等で振替加算が加算される妻等は、振替加算額も考慮して繰下げを考える必要があります。仮に65歳の妻が、老齢基礎年金を1年繰り下げて66歳から受給する場合、振替加算の支給も66歳からとなるので、1年分の振替加算額（妻が何年生まれかで変わる）の空白は痛い損失です。年金は置かれた立場で受取額も変わることを知っておきましょう。

【例1】

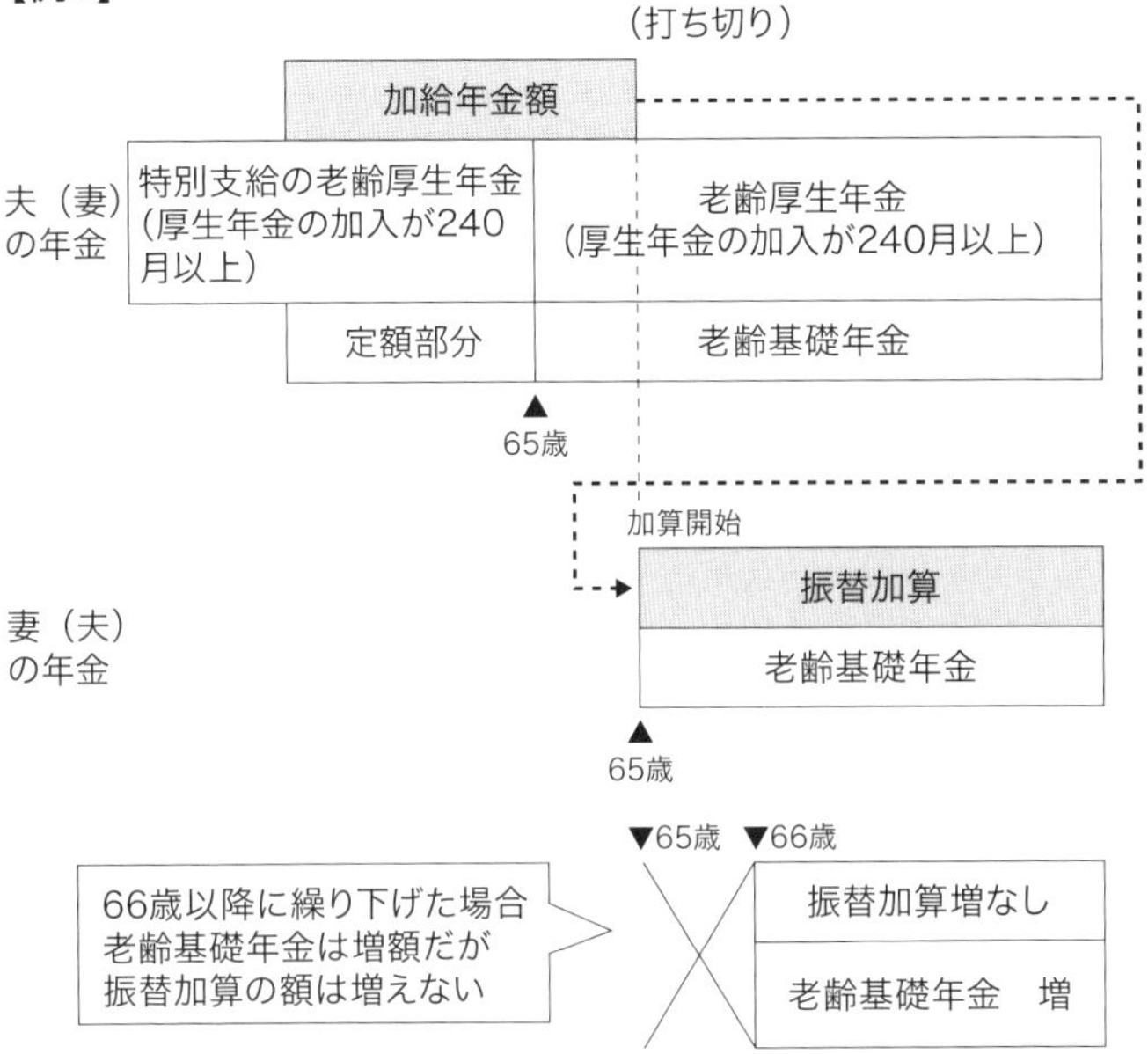

主な生年月日の振替加算の額（年額・平成30年度）

昭29.4.2 ～30.4.1	56,478円	昭32.4.2 ～33.4.1	38,804円	昭35.4.2 ～36.4.1	20,860円
昭30.4.2 ～31.4.1	50,916円	昭33.4.2 ～34.4.1	32,972円	昭36.4.2 ～41.4.1	15,028円
昭31.4.2 ～32.4.1	44,860円	昭34.4.2 ～35.4.1	26,916円	昭41.4.2 ～	―

※昭和41年４月２日以降生まれに振替加算の加算なし

6 加給年金額と振替加算
～関心が高い加給年金額約39万円

男女共に質問が多いのが**加給年金額**と**振替加算**。特に高齢世代に比べ若い世代の年金額が減る今、唯一若い世代の方が多い加給年金額約39万円に質問が集中します。加給年金額は、厚生年金の被保険者期間等が20年以上ある人（中高齢者の特例者は15年～19年）が65歳時（定額部分支給開始時）に生計維持関係がある配偶者または子（※）がいるときに加算されます。

振替加算の対象となる妻（夫）は、通常、その妻（夫）が老齢基礎年金を受給する資格を得た65歳時、その夫（妻）が受けている年金の加給年金額の対象となっていた次の条件を満たしている人です（【例2】参照）。

①大正15年4月2日から昭和41年4月1日までの間に生まれていること

②妻（夫）が老齢基礎年金の他に老齢厚生年金や退職共済年金を受けている場合は、厚生年金保険および共済組合等の加入期間が合わせて240月未満であること

③妻（夫）の共済組合等の加入期間を除いた厚生年金保険の35歳以降（夫は40歳以降）の加入期間が生年月日により15年～19年未満であること

※子は、18歳に達した年度末までの子、障害等級1・2級の状態にある20歳未満の未婚の子

配偶者の加給年金額(特別加算含む)(年額・平成30年度)

昭9.4.2 ～15.4.1生	昭15.4.2 ～16.4.1生	昭16.4.2 ～17.4.1生	昭17.4.2 ～18.4.1生	昭18.4.2 ～生
257,400円	290,500円	323,600円	356,600円	389,800円

※加給年金額が子に支給されるとき、第２子まで各224,300円、第３子以降は各74,800円加算されます
●配偶者が障害年金を受けている間の加給年金額は支給停止

【例2】

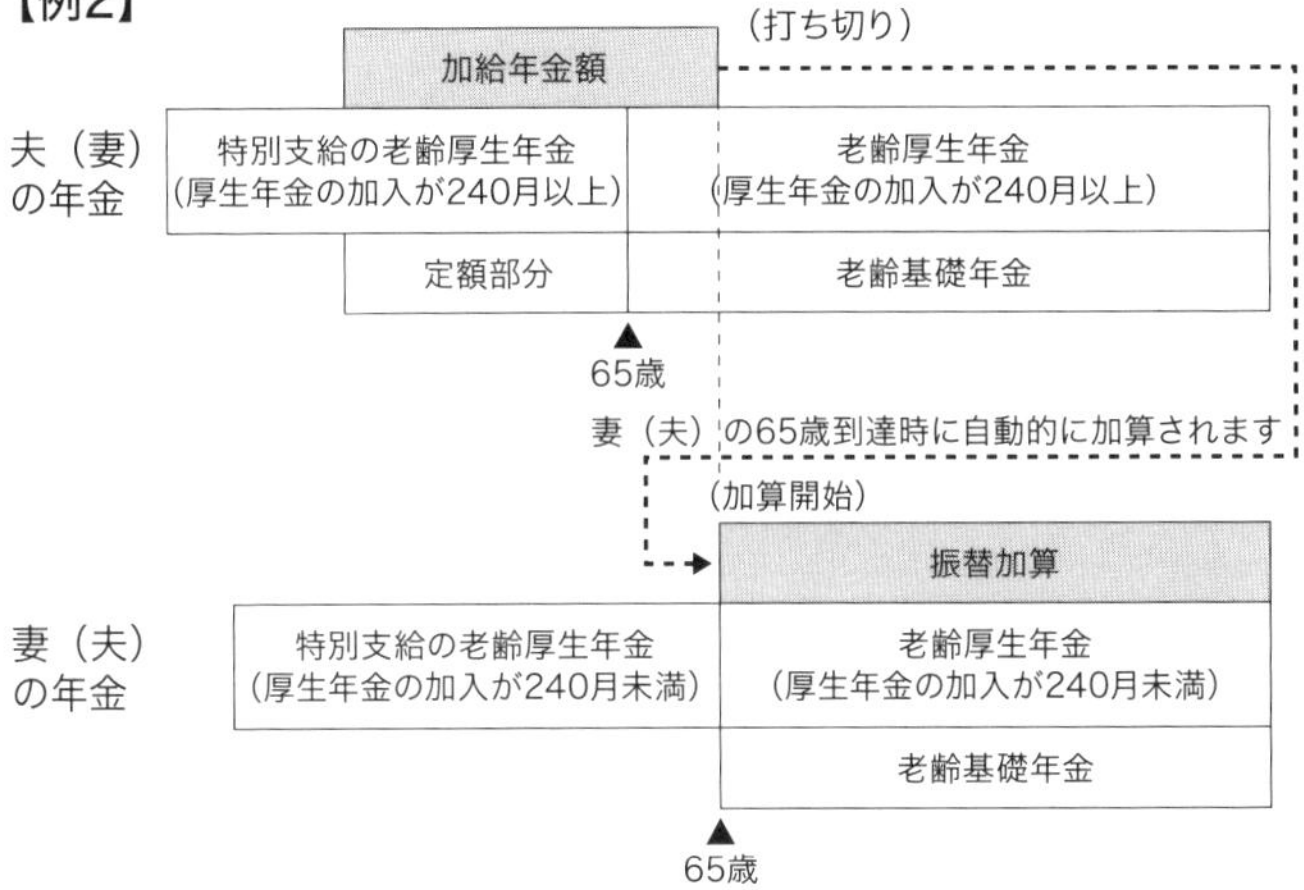

(妻が年上のケース)
夫：昭和29年４月２日生(厚生年金20年以上加入)
妻：昭和27年４月２日生

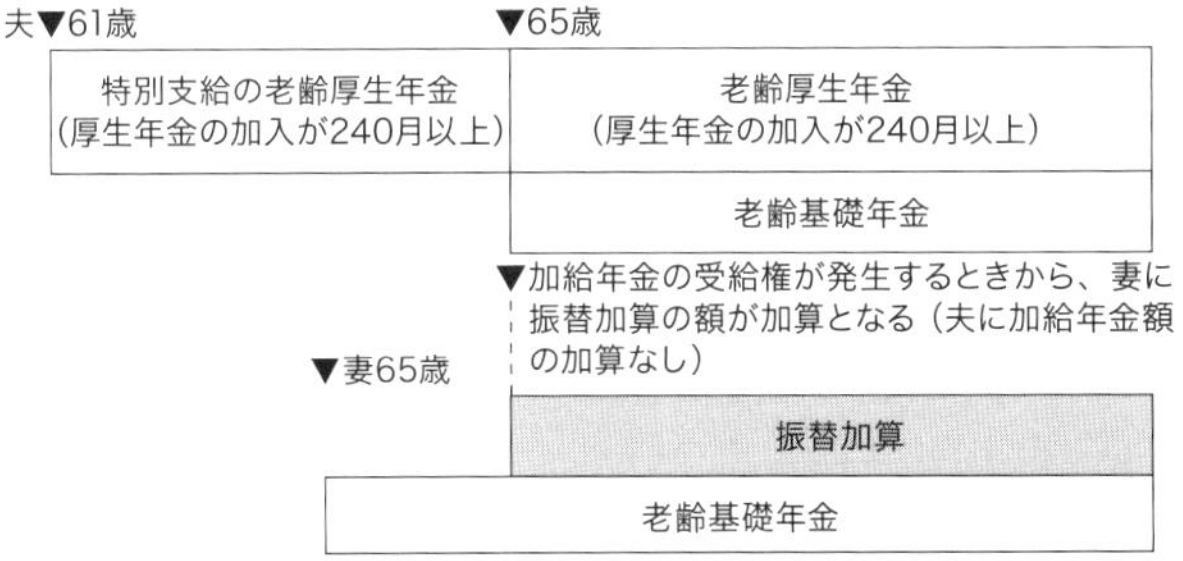

7 妻が65歳になると、私(夫)の年金額は減るのですか?

～世帯の年金額は増えるしくみ

よくある質問が、長年厚生年金に加入した人から「妻が65歳になると私の年金が減るって本当ですか?」というものです。「本当です。加給年金額が約39万円減ります」とお答えすると、「そんなに減るのですか」と一様に驚きの表情。そこで、「奥様が65歳から老齢基礎年金を受給できるので、世帯の年金額は増えます」とお答えしています。厚生年金は世帯単位で年金額が決まりますが、皆さん自分が受け取っている年金は自分一人のものと思いがちです。

そもそも、昭和61年3月までは厚生年金や共済組合等に加入していた人の妻(夫)は国民年金に任意加入でした。昭和61年4月以降は、これらの人は強制加入となり、第3号被保険者になりました。しかし、期間が短く年金額が低額になるため、厚生年金等に20年以上加入した夫(妻)が受給する加給年金額を妻(夫)が受給する老齢基礎年金に振り替えて支給しました。

最近は、夫婦でも自分の年金額を配偶者に知らせない人も増えており、39万円の損失は本人にとり相当のダメージでしょう。夫婦の年金の明細も不透明で、多難な老後を乗り切れるのか、人ごとながら不安が募る毎日です。

厚生年金世帯の年金受給額のイメージ（モデル世帯で試算・年金額は万円未満四捨五入）

夫・67歳（昭和26年４月２日生）　妻・65歳（昭和28年４月２日生）

ポイント

事例の老齢基礎年金額は、国民年金に40年加入した場合の試算額です。実際に妻が40年間すべて納付済の人は少ないでしょう。私の場合はいくらか、把握しておきたいものです。

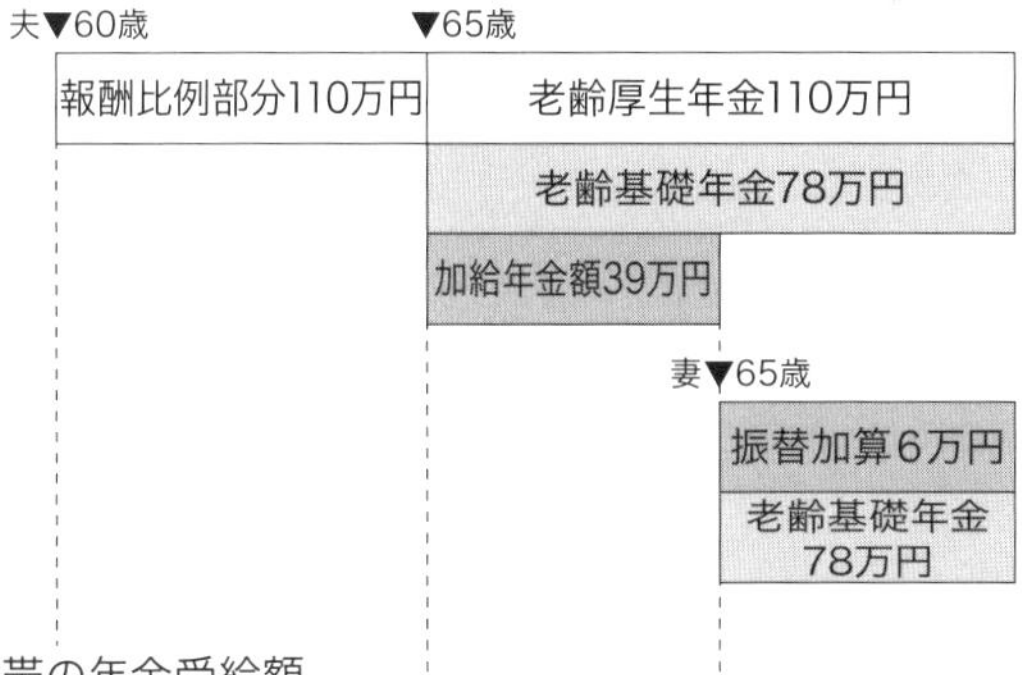

世帯の年金受給額

年額	110万円	227万円	272万円
月額	9.16万円	18.91万円	22.66万円

世帯の年金額は増える

※年金額は万円未満四捨五入

8 厚生年金等に20年以上加入する妻

～夫に加給年金額が加算されることも

加給年金額は、厚生年金の被保険者期間等が20年以上ある夫（妻）（中高齢者の特例は15年～19年）が65歳時（定額部分支給開始時含む）、生計維持関係（※）にある妻（夫）・子があるとき加算されます。妻（夫）が厚生年金および共済組合等の年金を受けているとき、各加入期間を合わせて240月（20年）未満が加給年金額支給の要件ですが、20年以上加入した妻（夫）でも場合によって支給されることがあります。夫婦共働きのケースでみてみます。

例1 夫婦共に厚生年金に20年以上加入して働いても、生年月日で異なる年金受給開始年齢で、配偶者が年金を受給するまで加給年金額が加算されます。ただし、振替加算は配偶者に加算されません。

例2 年金額が決まる（改定）のは、受給資格期間を満たし受給年齢になったときです。仮に、受給開始年齢が62歳で67歳まで働く予定の妻の場合、62歳時、65歳時、退職時に年金額が改定されます。妻が62歳から受け取る報酬比例部分の年金額は、62歳まで加入した厚生年金19年分、65歳からの老齢厚生年金額は65歳まで加入した22年分、67歳から24年分受給できます。

例1　夫・57歳(昭和36年4月2日生)
妻・53歳(昭和40年4月2日生)

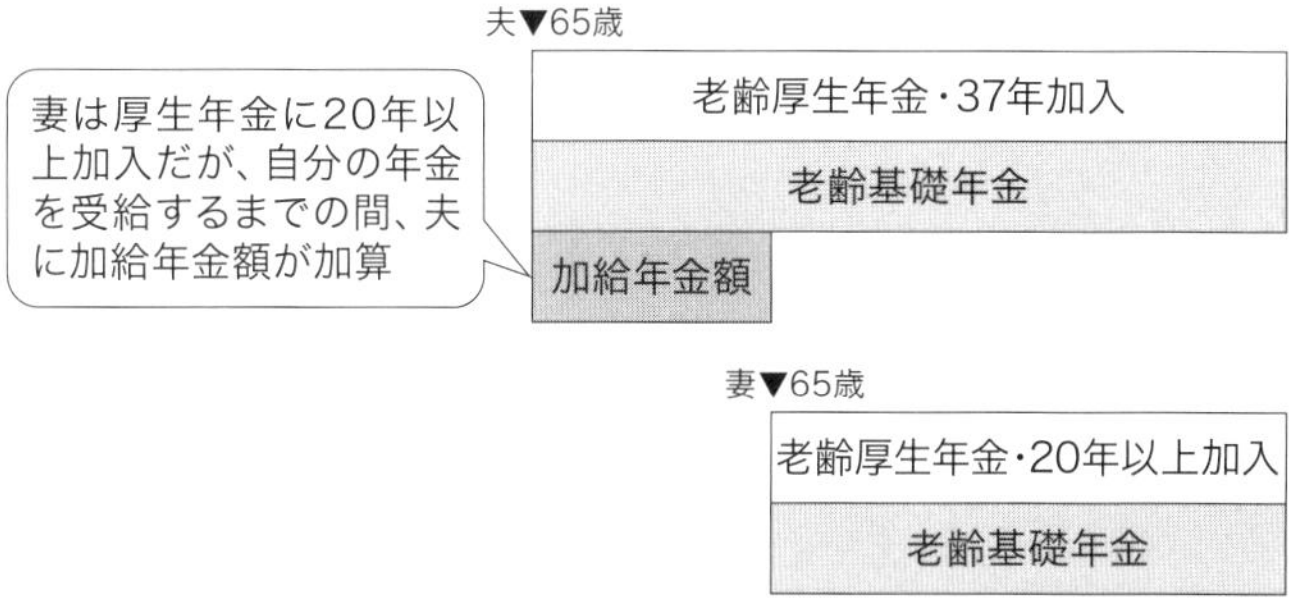

例2　夫・60歳(昭和33年4月2日生)
妻・57歳(昭和36年4月2日生)

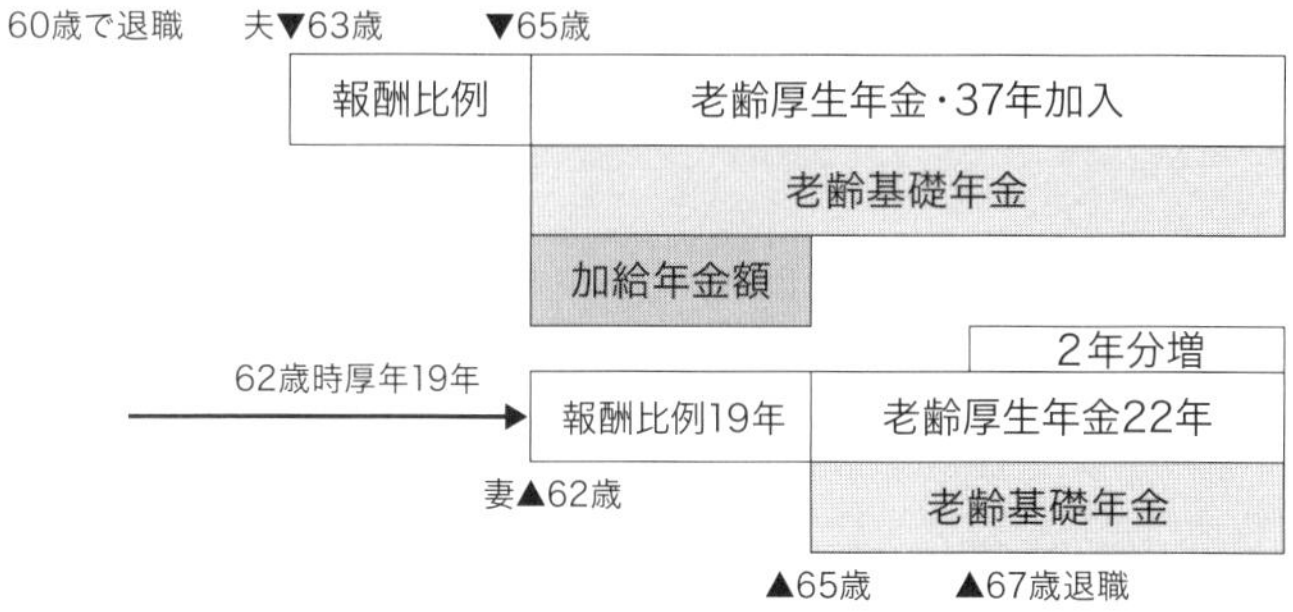

夫の加給年金額は妻が65歳になるまで加算されますが、妻に振替加算は加算されません。なぜなら、例1、例2の妻は共に65歳時、厚生年金に20年以上加入しているからです。

(※)生計維持関係にある、とは、生計を同じくしていた配偶者・子の前年の収入が850万円未満または所得が655・5万円未満にあること

第3章

国民年金独自の給付とゆとりある老後に備える制度

❶ 国民年金（第1号被保険者）独自の給付

～寡婦年金と死亡一時金

第1号被保険者、第2号被保険者、第3号被保険者は、国民年金から共通の「基礎年金」として、老齢・障害・遺族の3種類の年金を受け取れます。また、第1号被保険者独自の給付として、**寡婦年金**、**死亡一時金**、**付加年金**の三つがあります。

◆「寡婦年金」は、夫が受け取れたであろう老齢基礎年金の4分の3を妻が受け取れます。

第1号被保険者として保険料納付済（保険料免除含む）期間が10年（平成29年7月までは25年）以上あり、障害基礎年金を受けておらず、老齢基礎年金の繰上げをしていない、婚姻期間（内縁も可）が10年以上継続している夫が死亡当時、生計維持関係にあった妻が、60歳～65歳になるまで受け取れます。なお、妻が老齢基礎年金を繰上げしていた場合も受け取れません。

◆「死亡一時金」は、原則12万円から32万円で、生計を同じくしていた人が受け取れます。

第1号被保険者として保険料納付済（保険料免除含む）期間が3年以上ある人が年金を受けずに死亡した場合に受け取れます。免除割合で月数に算入される期間も異なります。

第１号被保険者期間35年（420月）の夫（60歳）が死亡した場合（夫死亡時、妻57歳）

妻・57歳　　妻▼60歳　　▼65歳

死亡一時金32万円　OR　寡婦年金　511,416円×5年

ポイント

寡婦年金と死亡一時金の両方を選択できる場合、夫死亡当時の妻の年齢、今後の受給年金、健康と経済状態などの考慮が必要です。「年金請求書（寡婦年金）」か「国民年金死亡一時金請求書」を市区町村に提出します。

死亡一時金の額（免除期間中は納付割合に応じた月数を算入）

納付月数	36～180月未満	180～240月未満	240～300月未満
金額	120,000円	145,000円	170,000円
納付月数	300～360月未満	360～420月未満	420月以上
金額	220,000円	270,000円	320,000円

※付加保険料36月以上納付の場合、8,500円加算
※死亡一時金の請求の時効は２年
※免除期間の月数は、例えば４分の３免除期間の場合、その期間の４分の１が月数に算入

寡婦年金と死亡一時金の両方を同時に受けられるときは、どちらか一つを選択します。

2 国民年金（第1号被保険者）独自の給付

～2年でモトが取れるお得な付加年金

国民年金の第1号被保険者期間（保険料を全額納付する場合）は、付加保険料を納付することができ、その期間は老齢基礎年金に上乗せして**付加年金**が受け取れます。付加保険料は月額400円、付加年金額は「200円×保険料を納付した月数」です。平成26年4月より過去2年分まで遡って加入可能です。

何年加入しても受給後2年で納付した保険料が戻るお得な年金です。第1号被保険者はもちろん、夫（妻）が退職時、第3号被保険者から第1号被保険者に切り替えた妻（夫）が60歳になるまで加入して年金を増やすのもいいでしょう。60歳時に国民年金の加入期間が短いなら、60歳以降国民年金に任意加入し（手続きは市区町村窓口）、480月を満たすまで付加保険料も合わせて納付してもよいでしょう。専業主婦の妻等の保険料を収入のある配偶者が納付し、確定申告で社会保険料控除とすれば、所得を圧縮し税金を減らせます。

なお、付加年金は老齢基礎年金を繰上げ、繰下げすると、同時に減額または増額されます。月200円（年間2400円）の年金と侮ってはいけません。既に年金を受けている私の実感

コーヒー１杯分のコストでお得な付加年金

保険料　月400円　　年金　200円×保険料を納付した月数

……スライドなしで固定

仮に５年加入　保険料　400円×60月＝24,000円

年金　200円×60月＝12,000円

24,000円÷12,000円＝２年

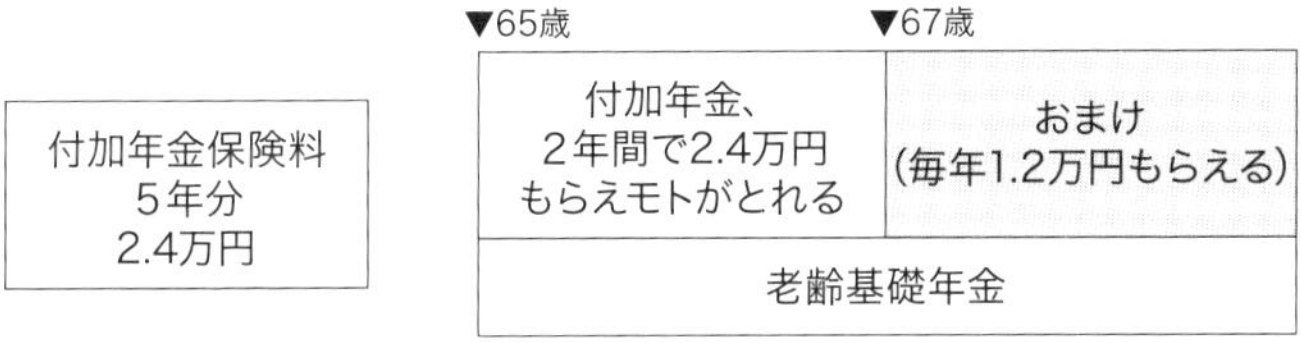

ポイント

- 老齢基礎年金と付加年金は、いつもセットで繰上げまたは繰下げとなる
- 国民年金の保険料と年金額は毎年変わるが、付加年金の保険料と年金額は固定
- 任意加入は遡って加入できず、付加保険料の納付方法は口座振替となる
- 付加保険料を社会保険料控除として確定申告し、税金の圧縮も可能なケースがある

から、老後の年金増は本当に有り難いものです。保険料は月４００円の出費ですから、尚更オススメです。

3

第3号被保険者の保険料

～配偶者が加入する制度が拠出

会社員や公務員等（※）**に扶養されている20歳以上60歳未満の配偶者**が**第3号被保険者**（男女問わず）ですが、自身では国民年金の保険料を納付していません。ただし、第3号被保険者期間は納付済期間として年金額に反映されます。第3号被保険者の保険料は、配偶者が加入する制度全体で保険料を拠出しています。

第3号被保険者の届出は、平成14年3月までは本人が市区町村役場に提出していましたが、平成14年4月からは配偶者が勤める会社（事業主等）を経由して年金事務所や健康保険組合、共済組合などに提出します。第3号被保険者となる要件は、原則①年収が130万円未満で、②かつ扶養する被保険者の年収の2分の1未満です。

国民年金の第3号被保険者の各種届出は、一枚の用紙で、資格取得、種別変更、種別確認（3号確認）、資格喪失、死亡、氏名・生年月日・性別変更（訂正）および被扶養配偶者該当の届出ができます。

※65歳以上70歳未満で老齢または退職を理由とする年金の**受給権がある人を除く**。

会社員等に扶養されている配偶者（20歳以上60歳未満）でも、第３号被保険者にならないことも！

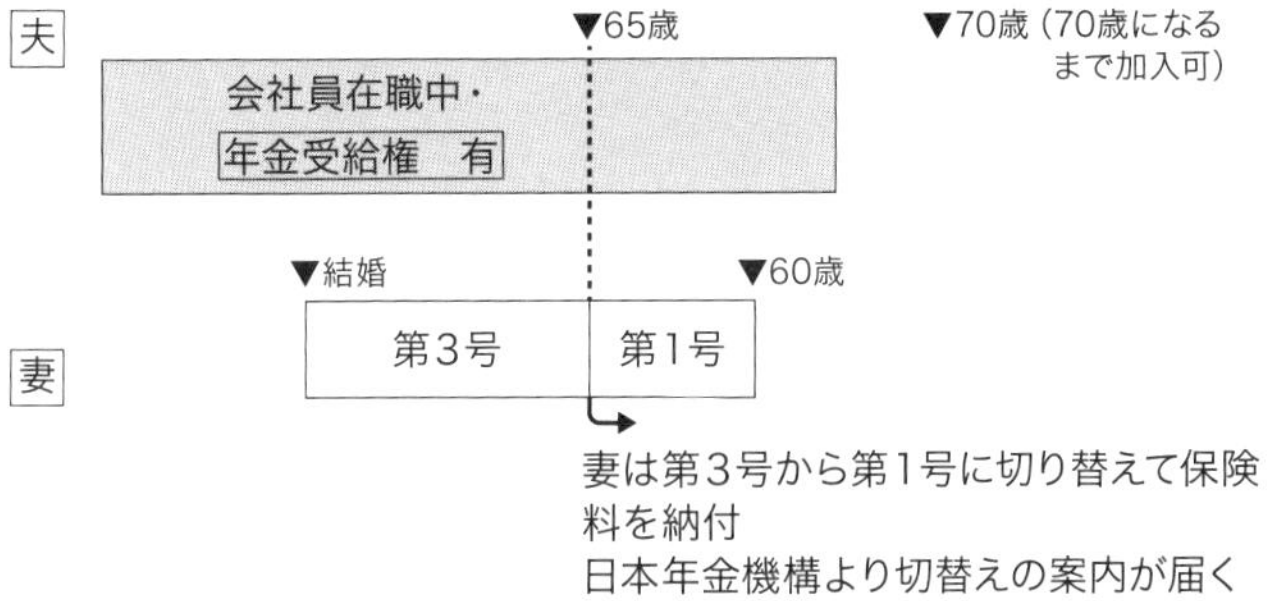

第３号被保険者の制度は昭和61年４月1日に成立

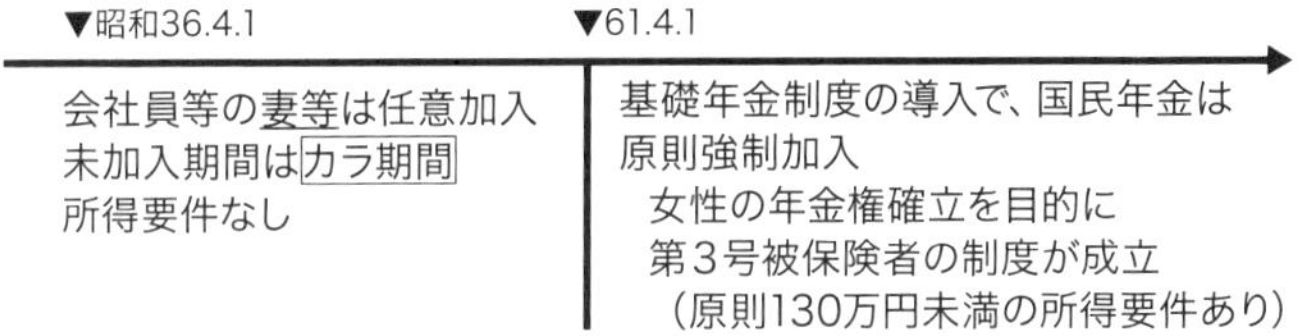

第３号被保険者は減少傾向〜女性が約99％

	平成24年度末	平成25年度末	平成26年度末	平成27年度末	平成28年度末
第３号被保険者の総数	960万人	945万人	932万人	915万人	889万人
うち男性の人数	11万人	11万人	11万人	11万人	11万人
うち女性の人数	949万人	934万人	921万人	904万人	878万人

④ ゆとりある老後に備える　第1号被保険者の上乗せ給付

～国民年金基金

国民年金基金は、会社員や公務員等に比べ公的年金額が少ない自営業者など国民年金の第1号被保険者のゆとりある老後のために、国民年金の上乗せとして平成3年に創設された任意加入の制度です。国民年金の第1号被保険者（農業者年金基金加入者除く）で保険料を全額納付済の「※1」の60歳未満の人、「※2」の人が加入でき、月掛金の上限は6万8000円（個人型確定拠出年金の掛金と合わせて）です。掛金は全額（年額81万6000円上限）社会保険料控除の対象となり、年金受取りは雑所得で公的年金等控除の対象となります。なお、国民年金基金の掛金に付加年金の保険料も含まれているため、国民年金基金の加入者は付加年金に加入できません。国民年金基金には終身年金2種類と確定年金5種類があり、給付金額や年金の種類を自分で組み合わせて利用します。

※1　平成26年4月以降、法定免除されている人（障害基礎年金受給者等）が、国民年金保険料免除期間納付申出書を年金事務所に提出した場合、申出期間は加入可能になりました。ただし、制度設立後の免除期間分を追納した人は追納期間と同じ期間（上限5年間）掛金の上限を月額10万2000円にできます。

※2　平成25年4月より日本国内に居住する60歳以上65歳未満の国民年金の任意加入者も加入可能となりました。

老後のゆとりある生活のための上乗せを準備

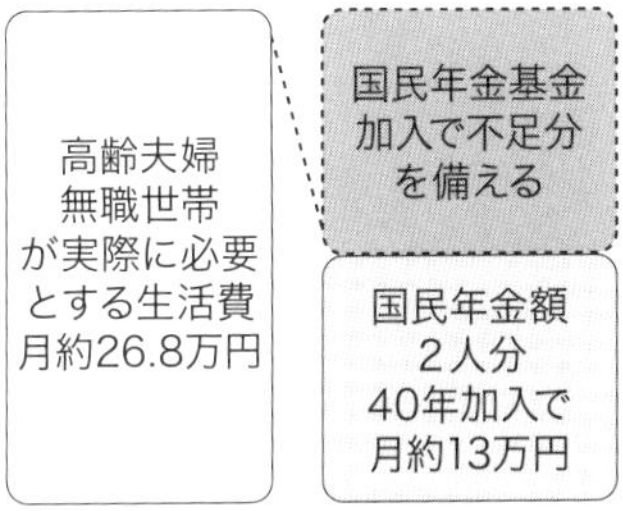

総務省・家計調査報告（平成28年）

確定申告で掛金が社会保険料控除でき税金が軽減

課税所得400万円の場合

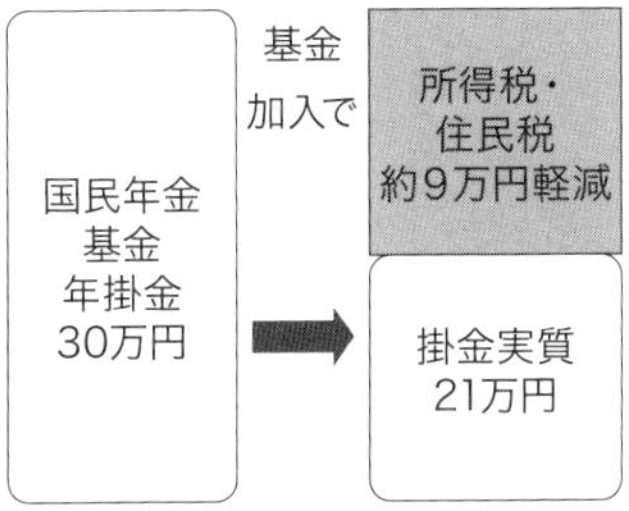

年金で受取時は、
公的年金等控除の対象となる

国民年金基金からの年金額のイメージ

（平成29年４月１日現在）

受取額 65歳支給開始 （終身年金）		受取額　基本タイプ　15年保障金額＝A型、１口目 20歳～35歳０月で加入したとき：月２万円 35歳１月～45歳０月で加入したとき：月1.5万円 45歳１月～50歳０月で加入したとき：月1万円 50歳１月以上で加入したとき：加入月数で異なる	
掛金（月）	加入時年齢	男性	女性
	35歳１月	10,005円	11,700円
	40歳１月	13,170円	15,375円
	45歳１月	12,410円	14,480円

5 ゆとりある老後に備える　個人事業主などの退職金として

～小規模企業共済

小規模企業共済は、従業員が20人以下（卸売業・小売業・サービス業は5人以下）の企業の事業主や役員などが、事業を廃止・退職した場合等、第一線を退いたときに、それまで積み立ててきた掛金に応じた**共済金**を受けられる制度で、国が作った「経営者の退職金制度」です。毎月の掛金は、月1000円から7万円（年最大84万円）まで500円ごとに設定でき、途中増額も減額も可能。掛金は全額所得控除の対象で、毎年の所得税と住民税を軽減できます。共済金は一時払いまたは分割払い、一時払いと分割払いの併用も可。一時金は退職所得扱い、年金は公的年金等控除の対象です。高齢期に共済金を恒常的に年金で受け取った場合、介護や医療に関する負担も増えるため、現在大半の人は一時金で受け取る例が多いようです。

個人事業主や会社員等が独立した場合、退職金がない、または少ないので、退職金づくりの選択肢の一つになります。手続きは独立法人中小企業基盤整備機構と契約する全国の金融機関、商工会、商工会議所等でします。納付した掛金の範囲で、契約者貸付制度の利用も可ですが、受けられる共済金の額は、請求事由や加入月数等で異なります。

掛金の全額所得控除による節税額（年）のイメージ

課税される所得金額	加入前の税額		掛金月額ごとの加入後の節税額			
	所得税	住民税	掛金1万円	掛金3万円	掛金5万円	掛金7万円
400万円	380,300円	405,000円	36,500円	109,500円	182,500円	241,300円
600万円	788,700円	605,000円	36,500円	109,500円	182,500円	255,600円
800万円	1,229,200円	805,000円	40,100円	120,500円	200,900円	281,200円

※「課税される所得金額」は、その年分の総所得金額から、基礎控除、扶養控除、社会保険料控除などを控除した後の額で、課税の対象となる額（所得税、住民税の課税される所得金額は計算上同一で試算）　（中小企業基盤整備機構ホームページ参考）

注意：掛金納付月数が６ヵ月未満の場合、共済金Ａ（事業廃止等）や共済金Ｂ（老齢給付等）は受けられません。12ヵ月未満の場合、準共済金、解約手当金も受け取れません。

6 小規模企業共済を一時金で受け取る効果

～掛金月3万円を25年納付した場合

個人事業主等が小規模企業共済に加入するメリットは、①毎年の掛金が全額所得控除される、②一時金で受け取る共済金が退職所得控除の対象となる、の二つです。いずれも所得税と住民税が軽減されます。特に、一時金で受け取る効果は次のように大きく利用価値があります。

仮に、掛金を毎月3万円で25年間加入後事業廃止、課税所得を400万円で試算してみます。25年後の受取共済金（退職金）は約1086万円、税金（所得税と住民税）は0円。毎年の節税額の25年分の計は約274万円とすると、返戻率は173％となります。まさに、知らない間に退職金作りができ、節税効果大の嬉しい制度です。

共済金を分割して2ヵ月ごとに受け取ることも可能です。一時金で受け取る額より受取総額は増えますが、公的年金等の合計次第では課税されるので要注意。他に民間の個人年金などに加入した場合、所得も増え社会保険料や税の負担も増える可能性があります。

このように小規模企業共済は、個人事業主等にとって利点のある制度ですが、意外と制度が

自営業者こそ、情報キャッチ能力が試される!

小規模企業共済の加入内容

加入年月	2018年6月	掛金月額	30,000円
事業廃止	2043年5月	掛金合計額	9,000,000円
納付月数(年)	300月(25年)	課税所得	4,000,000円

➡ 25年後の共済金 A（事業廃止等）10,860,600円（税0円※）基本共済金額で試算

※共済金1,086万600円－（退職所得控除額40万円×20年＋70万円×5年）＜0
…共済金の税金0円

毎年の節税効果

税額	所得税	住民税	計
加入前	380,300円	405,000円	785,300円
加入後	306,800円	369,000円	675,800円

節税効果 109,500円（年） 25年間で 273万7,500円

実質返戻率（173%）が嬉しい
＝共済金1,086万600円÷（掛金総額900万円－節税額273万7,500円）

知られていません。先日も独立して働く友人たちと退職金が話題になったとき、制度を知らない人が大半でした。自営業者こそ情報交換の場が必要ですね。

第4章

厚生年金制度の保険料・受給額の計算方法など

1 厚生年金の保険料、18・3％で固定

～給与と賞与で決まる

国民年金の保険料は定額ですが、厚生年金の保険料は被保険者の給与（報酬）と賞与で決まります。ただし、毎月変動する給与に対し事務的配慮から、月の報酬を31等級に区分した標準報酬月額と年3回以下の標準賞与額（1回150万円上限、1000円以下切捨て）に保険料率18・3％（平成29年9月から固定）を乗じて払います（事業主と本人で折半）。18・3％には国民年金の保険料も含まれています。

なお、厚生年金の標準報酬月額は1等級から31等級（上限62万円）、健康保険は1等級から50等級（上限139万円）。厚生年金は収入が多くても保険料が抑えられ、年金額に反映しないしくみです。

報酬とは、基本給・諸手当・賞与等名称を問わず、労働者が労働の対象として受け取るすべてのものをいい、金銭に限らず現物で支給される食事、通勤定期券も含みます。ただし、年4回以上の賞与などは標準報酬月額の対象です。なお、被用者年金の一元化（平成27年10月）により、各組合の保険料率も順次18・3％に引き上げられます。

厚生年金・標準報酬月額表（1等級～31等級・上限62万円）

（単位：円）

標準報酬		報酬月額	標準報酬		報酬月額
等級	月額	円以上～円未満	等級	月額	円以上～円未満
1	88,000	～93,000	17	260,000	250,000～270,000
2	98,000	93,000～101,000	18	280,000	270,000～290,000
3	104,000	101,000～107,000	19	300,000	290,000～310,000
4	110,000	107,000～114,000	20	320,000	310,000～330,000
5	118,000	114,000～122,000	21	340,000	330,000～350,000
6	126,000	122,000～130,000	22	360,000	350,000～370,000
7	134,000	130,000～138,000	23	380,000	370,000～395,000
8	142,000	138,000～146,000	24	410,000	395,000～425,000
9	150,000	146,000～155,000	25	440,000	425,000～455,000
10	160,000	155,000～165,000	26	470,000	455,000～485,000
11	170,000	165,000～175,000	27	500,000	485,000～515,000
12	180,000	175,000～185,000	28	530,000	515,000～545,000
13	190,000	185,000～195,000	29	560,000	545,000～575,000
14	200,000	195,000～210,000	30	590,000	575,000～605,000
15	220,000	210,000～230,000	31	620,000（上限あり）	605,000～
16	240,000	230,000～250,000			

※保険料は、標準報酬月額に保険料率を乗じて計算する。

2 友人より年収が高かったのに年金額の差が少ないが?

～標準報酬月額は62万円の上限がある

井戸端会議は女性に限らないようで、最近は男性も同窓会などで年金のことが話題になるらしく、果ては年金の計算が間違っているのでは、という質問を受けます。お聞きすると、友人よりかなり年収が多かったのに……という上記の質問。からくりは標準報酬月額の上限62万円です。

厚生年金から受け取る報酬比例部分の年金額は、若いときから退職までの毎月の給与（標準報酬月額）を現在の価値に再評価した合計を加入月数で割った金額（平均標準報酬月額）を基に計算します（平成15年4月以降は賞与含む）。定額部分（65歳からは老齢基礎年金に移行。現在、定額部分は支給されていませんが、年金額の計算ではあったとして計算します）の年金額は厚生年金の加入期間で計算します。

仮に、23歳から会社員として37年加入して60歳で退職（共に昭和33年4月生・男性）、年収750万円のAさんと1500万円のBさんの場合で見てみましょう。退職前のBさんの年収はAさんの2倍ですが、将来の年金額は2倍になりません。加入期間が同じなので定額部分

年収に比例しない厚生年金加入者の年金額のイメージ

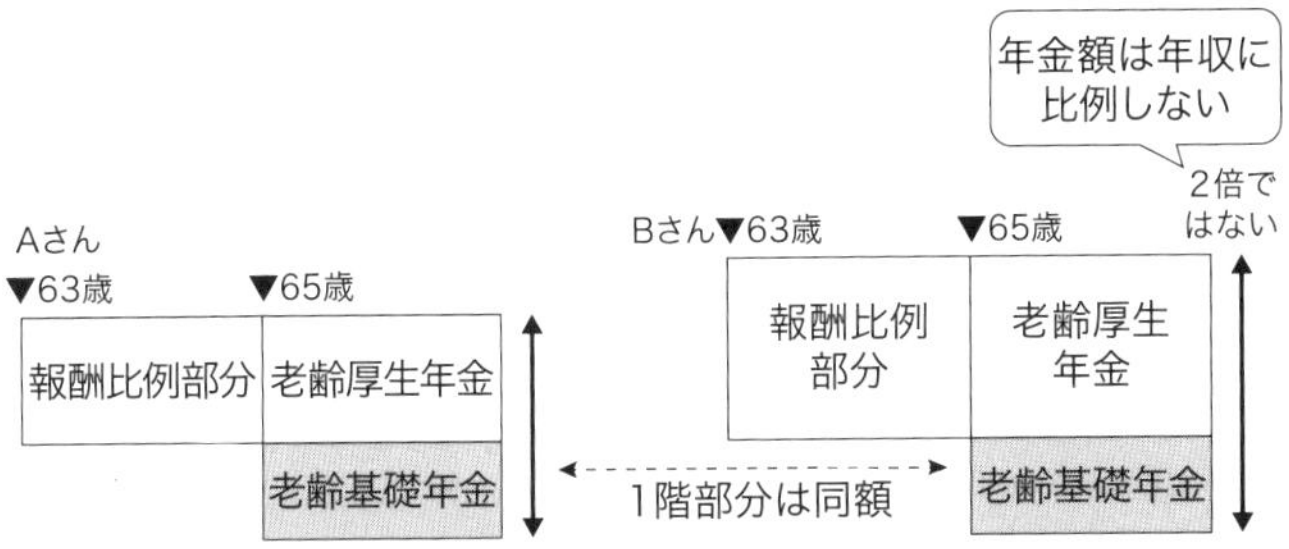

50代の老後への準備

		あり	なし
老後資金	必要額の認識	54.4%	45.6%
	資金計画の策定	38.0%	62.0%
	資金の確保	28.0%	72.0%
年金	受給金額の認識	40.3%	59.7%

出典：金融リテラシー平成28年（金融広報中央委員会）

50代の老後への準備状況をみると、老後の生活費について必要額を認識していない人が約５割、資金計画を策定していない人が約６割、また、公的年金の受取金額を認識していない人は約６割となっている。

（基礎年金）の額は同じ、報酬比例部分の額は①標準報酬月額の上限62万円、かつ②若いときからの37年間の平均を基に計算。高収入だった人こそ早めのマネープランが求められる理由です。

3 厚生年金の受給開始年齢

～昭和36年4月2日以降生（女性は昭和41年4月2日以降生）は65歳から

法律では老齢厚生年金の支給開始年齢は65歳です。ただし、法律改正時の昭和61年4月から、経過措置として生年月日・性別により60歳代前半の年金を支給し段階的に65歳に引き上げることになりました。

60歳代前半の特別支給の老齢厚生年金は、老齢基礎年金の受給資格期間を満たした厚生年金の加入期間が1年以上（一元化前の共済組合期間含む）あれば受け取れます。共済組合の加入者等の女性は厚生年金の男性と同じ生年月日でみます。

特例として次の場合、報酬比例部分が支給されると定額部分も支給されます。併せて一定の要件を満たす配偶者・子があれば、定額部分（定額部分がない人は老齢基礎年金）が支給されるときから加給年金額が加算されます。共に退職（厚生年金に加入していない）が条件です。

①厚生年金に44年以上加入

②障害厚生年金3級以上に該当し、原則20年以上厚生年金に加入

厚生年金の支給開始年齢

昭和16年（女性は21年）４月２日以降生まれの人

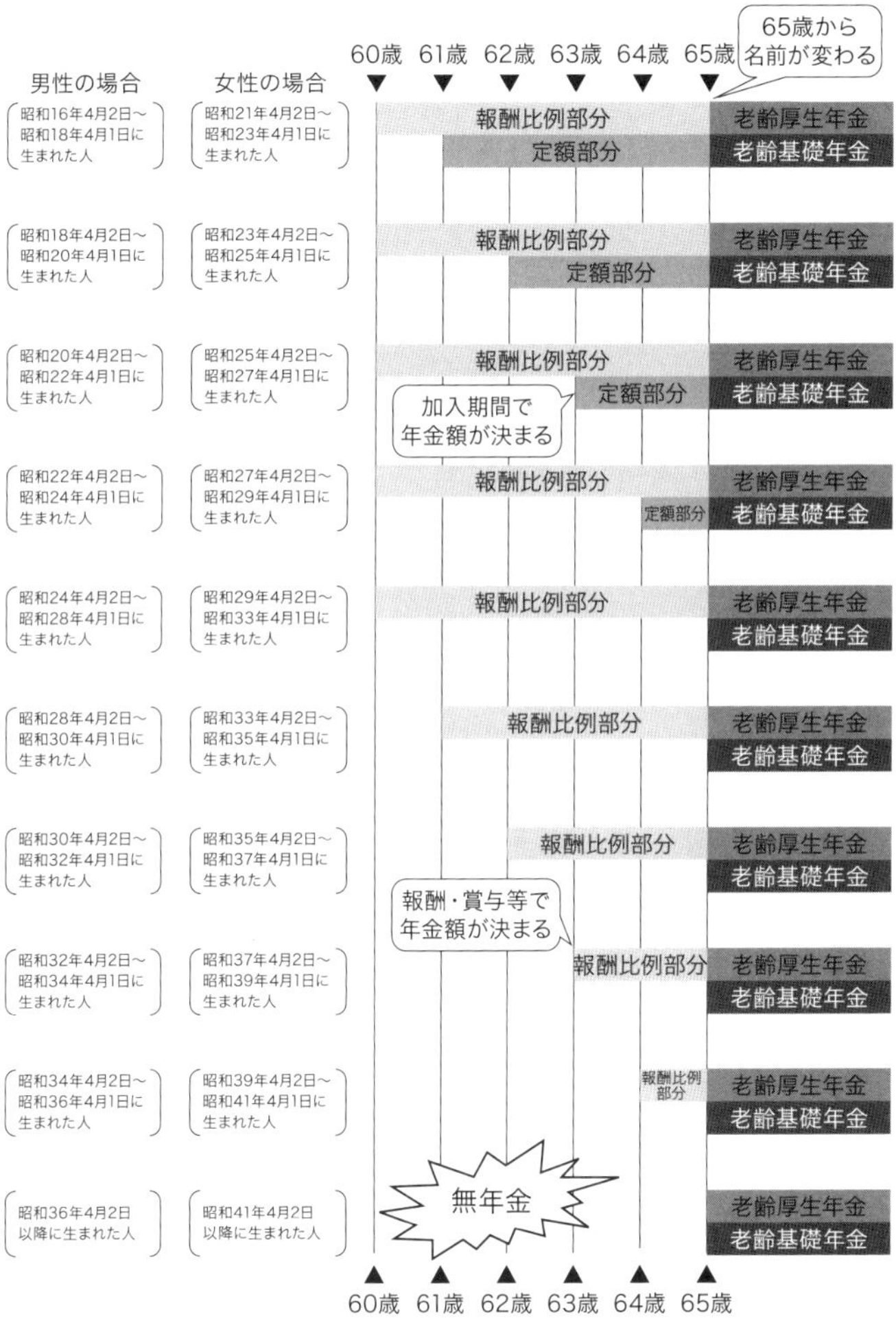

※共済組合期間のある人は、男女とも、男性と同じ受給開始年齢となる

4 60歳代前半の老齢厚生年金（報酬比例部分）

～年金額の計算のしかた

報酬比例部分の年金額は、厚生年金に加入中の報酬を現在の価値に再評価した金額と加入月数で計算します。平成15年3月以前は、再評価後の標準報酬月額の平均（平均標準報酬月額）で計算し、総報酬制が導入された平成15年4月以降は、再評価後の標準報酬月額と賞与の総額の平均（平均標準報酬額）で計算します。

年金額は原則的計算方法（本来水準）と例外的な従前額保障の計算方法がありますが、本書では本来水準で計算しています。

気になる報酬比例部分の年金額を、事例でざっくり計算してみましょう。

Kさんは60歳会社員で年収1000万円、23歳で入社して37年勤め60歳で退職と仮定します。平成15年3月以前の加入は22年（264月）で平均給与35万円、平成15年4月以降の加入は15年（180月）で平均給与等は45万円と仮定すると、63歳からの報酬比例部分は約110万円。仮に、60歳以降も厚生年金に加入して働き67歳で退職なら、報酬比例部分が支給される63歳時、老齢厚生年金と老齢基礎年金が支給される65歳時、退職時の67歳時に年金額が決まります。

報酬比例部分の算出式

報酬比例部分の年金額（平成30年度）＝ A ＋ B

A：平成15年３月以前の加入月数

平均標準報酬月額×9.5～7.125／1000[※1]×平成15年３月までの加入月数

生年月日による乗率

B：平成15年４月以降の加入月数

平均標準報酬額×7.308～5.481／1000[※2]×平成15年４月以降の加入月数

生年月日による乗率

※昭和21年４月２日生まれ以降は、※１＝7.125／1000、※２＝5.481／1000

主な期間の新再評価率表（昭和13年4月生まれ以降）

対象となる被保険者期間（年月）	昭48.11～50.3	昭59.4～60.9	平3.4～4.3	平12.4～13.3	平21.4～22.3	平29.4～30.3	平30.4～31.3
再評価率	2.793	1.363	1.099	0.967	0.971	0.945	0.945

Kさんの報酬比例部分の計算

Kさんの報酬比例部分の年金額（平成30年度）　60歳で退職と仮定

＝A658,350円＋B443,961円＝1,102,311円

A：平成15年３月以前の加入月数

平均標準報酬月額35万円×7.125／1000×264月＝658,350円

B：平成15年４月以降の加入月数

平均標準報酬額45万円×5.481／1000×180月＝443,961円

働き方で変わる年金額改定時期

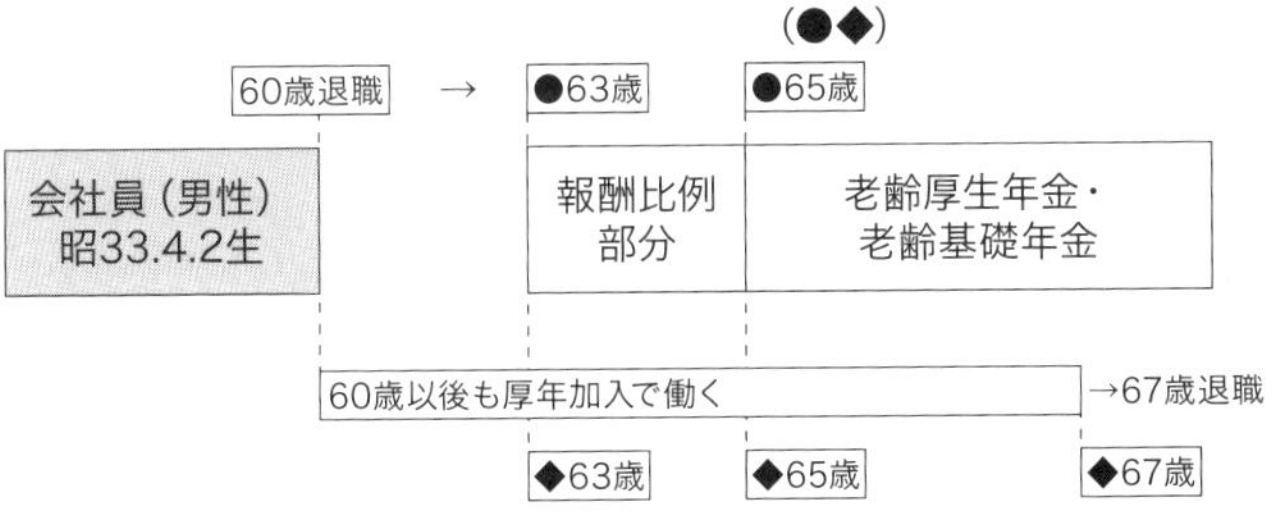

5 60歳代後半の老齢厚生年金

～報酬比例部分と経過的加算額の合計を受け取る

65歳からは、老齢厚生年金と老齢基礎年金を受け取ります。老齢厚生年金は65歳時の報酬比例部分と経過的加算額を合計した額、報酬比例部分の計算は60歳代前半と同じです。

ここでポイントになるのが**経過的加算額**。60歳代前半の特別支給の老齢厚生年金を受けていた人が65歳から受け取る老齢基礎年金は、定額部分に代えて受け取りますが、当分の間、定額部分の方が高額になります。そこで差額分を補うため「経過的加算額」が支給されます。

定額部分の年金額は、生年月日と厚生年金加入月数で決まるため、定額部分と老齢基礎年金の額の差額の「経過的加算額」は65歳からの厚生年金に含みます。年金事務所等で65歳以降の見込額を試算した場合のデータには、「差額加算」と記載されています。

老齢基礎年金の額は、厚生年金加入期間の20歳から60歳までの加入月数（国民年金が成立した昭和36年4月以降）で計算します。現在、男性は定額部分は支給されませんが、経過的加算額を計算するときは、定額部分が支給されていると仮定して計算します。60歳以降の働き方次第で額が変わるこの経過的加算額により、65歳以降の年金額を増やせるケースもあります。

60歳代後半の老齢厚生年金の額のイメージ

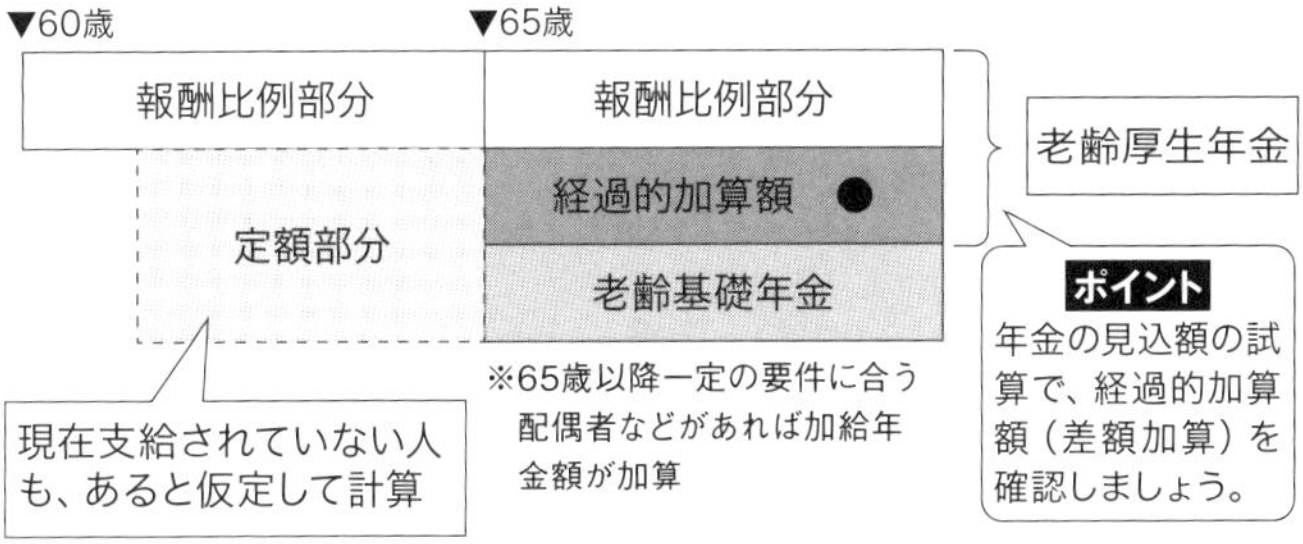

定額部分の年金額の算出式

定額部分の年金額（平成30年度）
＝1,625円×給付乗率1.875～1.000※×加入月数
※昭和21年4月2日以降生は1.000

経過的加算額の算出式

定額部分の額（厚生年金期間上限480月）（下表参照） － 老齢基礎年金の額（厚生年金加入期間中の20歳～60歳未満） ＝ 経過的加算額（差額加算）

定額部分の加入月数

（生年月日で上限480月）

生年月日	定額部分の月数
昭和 9.4.2～19.4.1	37年（444月）
昭和19.4.2～20.4.1	38年（456月）
昭和20.4.2～21.4.1	39年（468月）
昭和21.4.2～	40年（480月）

給与が低額だから働くのをためらう人がいますが、厚生年金加入期間が短い人が60歳以降働くと、65歳以降の年金額が増えます（78～79ページ参照）。

6 60歳定年後報酬等が低下しても、65歳からの年金額は増える？

～60歳時厚生年金４８０月未満なら、１年加入で約2万円弱増える

定年間際の人から「60歳定年後の報酬が低くなるが働く意味がある？」の質問をよく受けます。答えは、ズバリ60歳時の加入月数による、とお答えしています。働く目的は生きがいや収入を増やしたいなど様々ですが、やはり気になるのは働いて増える年金額のようです。

一般的に、60歳からの報酬等は以前に比べ低くなり、65歳以後の報酬比例部分の年金額はあまり増えません。しかし、60歳時の加入月数が40年（４８０月）未満（昭和21年4月2日以降生）なら、65歳以降の年金額は1年加入で確実に約2万円弱増えます。仮に60歳時厚生年金に35年加入の人が60歳以降厚生年金に5年加入なら、約10万円弱増えます。報酬等が低いと、厚生年金と健康保険の保険料はその分低額になり、扶養する配偶者の医療と介護（配偶者は65歳まで）の保険料も不要です。

負担と給付の面から、年金だけでなく医療や介護の負担等、トータルでの判断が求められます。

60歳時（25歳から厚生年金35年（420月）加入・昭和33年4月2日生・男性）

→　65歳まで継続して働いた場合の老齢厚生年金額

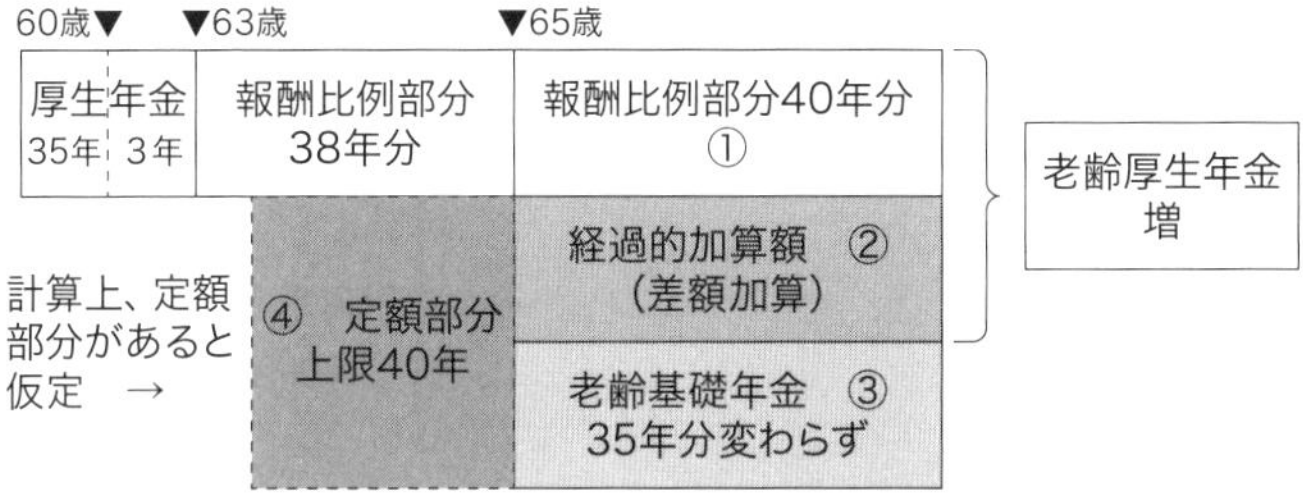

①60歳以後報酬が低額な場合、65歳からの年金額はあまり増えない
②60歳時420月加入で、65歳になるまで60月加入した場合、65歳から約10万円弱増える
1,625円×60月＝97,500円　→　約10万円増
③60歳以降の厚生年金加入なので、老齢基礎年金額は変わらない
④定額部分（25歳～ 65歳まで厚生年金に40年加入分）

ポイント

報酬等が低い場合、厚生年金や健康保険の保険料等・税金も低額、かつ一定の被扶養配偶者等の保険料（医療・介護保険）不要の効果あり。あわせて就労収入もあります。

併せて、年金を受給しながら厚生年金に加入して働く場合の年金額「**在職老齢年金**」（第５章参照）の知識も必要です。ありたい未来を生きるために、知識を上手に利用してください。

7 共済期間38年の人が民間会社に転職した場合（逆パターンも可）

～定額部分の期間は別々に計算なので65歳からの年金額がお得

共済組合退職者等が定年後に民間企業で働く、または民間企業等で働いた人が定年後に共済組合に加入して働く場合、一つの職場で長く働いた人より65歳からの年金額がお得なケースがあります。からくりは、定額部分の加入月数の上限は生年月日で４８０月ですが、共済組合から受け取る年金額と、民間企業に加入して受け取る年金額（いずれも現在は厚生年金額）は、別々に計算するからです。

仮に、共済組合に４５６月勤務後60歳から民間企業で60月働く予定のＡさんと、民間企業一筋で５１６月働く予定のＢさんで比べてみます。共に22歳で就職し、現在60歳の男性、共に65歳まで働きます。トータルの加入月数は５１６月と同じですが65歳からの年金額は異なります。Ａさんの場合、定額部分は共済期間４５６月と民間会社60月の二つに分けて計算しますが、Ｂさんは民間会社５１６月を上限の４８０月（77ページ参照）で計算するからです。結果、65歳からの経過的加算額はＡさんの方が約６万円弱多くなります。老齢基礎年金額は変わ

複数の制度に加入（昭和33年4月2日生・男性）
〜 A 共済組合＋民間企業 OR　B 民間企業のみ

加入先と加入予定月数

	22歳〜	60歳〜
A	共済組合456月	民間企業60月
B	民間企業516月	

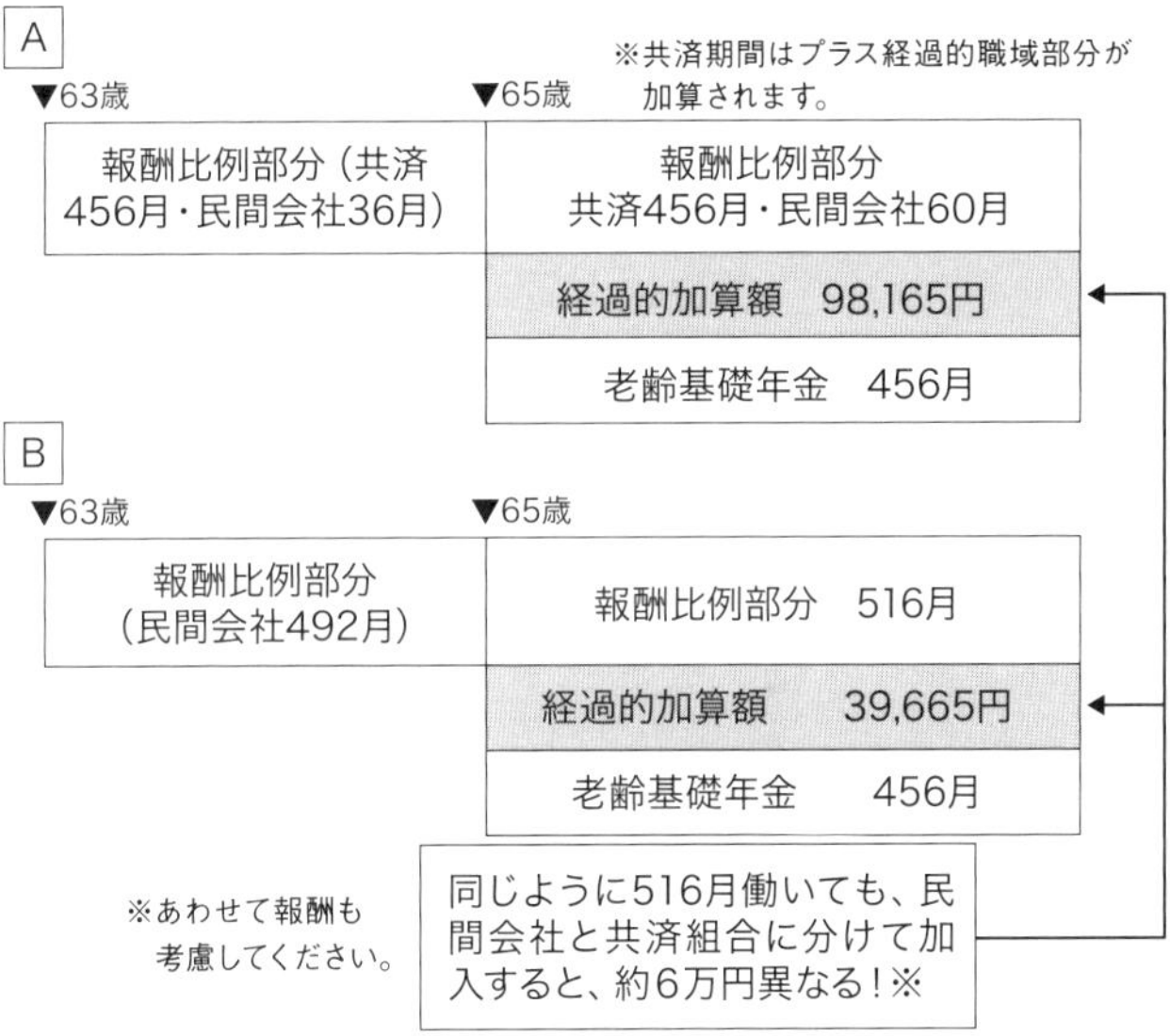

らず、報酬比例部分は報酬内容で異なります。長期で働く予定の人は、報酬が低額になっても、年金の加入先が異なると、期間が年金額を増やしてくれるしくみを知っておくとよいでしょう。

8 支給開始年齢の特例（その1）

～厚生年金44年以上加入、障害厚生年金3級以上の該当者

厚生年金に44年（528月）以上加入した場合などは、特例で、支給されている報酬比例部分に定額部分が加算されます。当分の間、男女を含め60歳代前半には報酬比例部分だけが支給されますので、①厚生年金期間（第1号～第4号期間、ただし第2号と第3号は合算）が44年（528月）以上、または②障害厚生年金3級以上の状態にあるとき、申出により報酬比例部分に定額部分が加算されます。

さらに、共に生計維持関係にある65歳未満の配偶者等がある場合、定額部分が加算されるときから加給年金額が加算されます。なお、②は加入期間が20年以上ある場合に加算されます。いずれの場合も**退職**（厚生年金の被保険者でない）が条件です。会社等に勤めていても厚生年金に未加入なら「退職」扱いとなります。在職老齢年金のしくみと同じです。

定額部分の年金額78万円、配偶者の加給年金額約39万円（昭和18年4月2日以降生）と、1年で計117万円は大きく、長期加入者等の興味があるところです。

厚生年金44年加入
（昭和33年４月生・60歳男性）　63歳で退職

妻は専業主婦（昭和39年４月２日生）

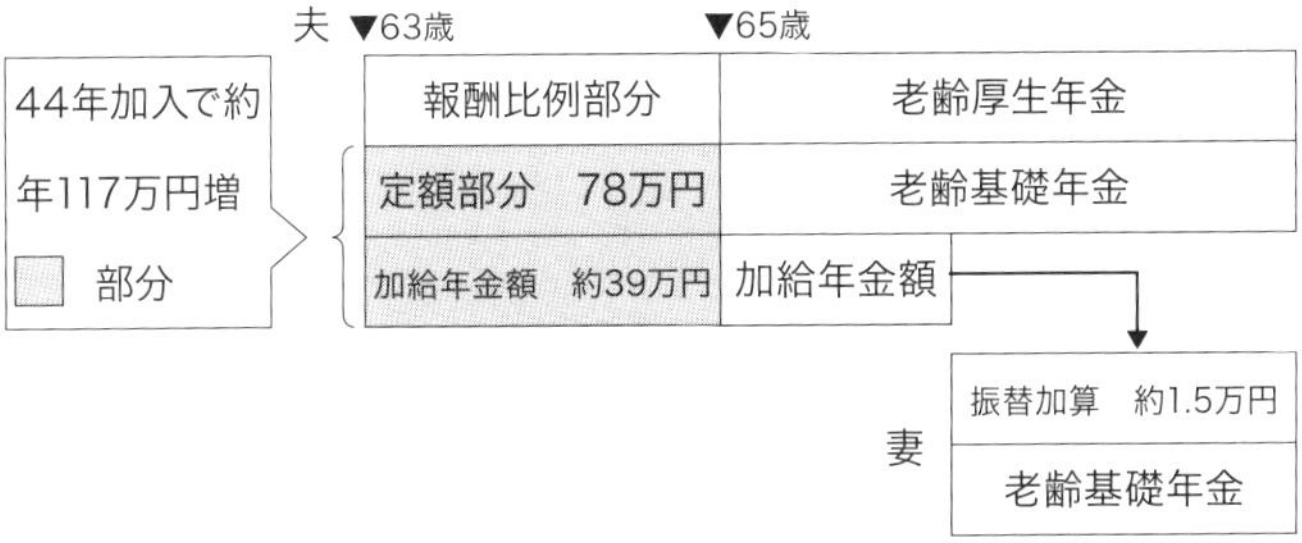

45歳から障害厚生年金３級受給
（昭和33年４月２日生・女性）

厚生年金18年・国民年金22年加入（免除期間含む）

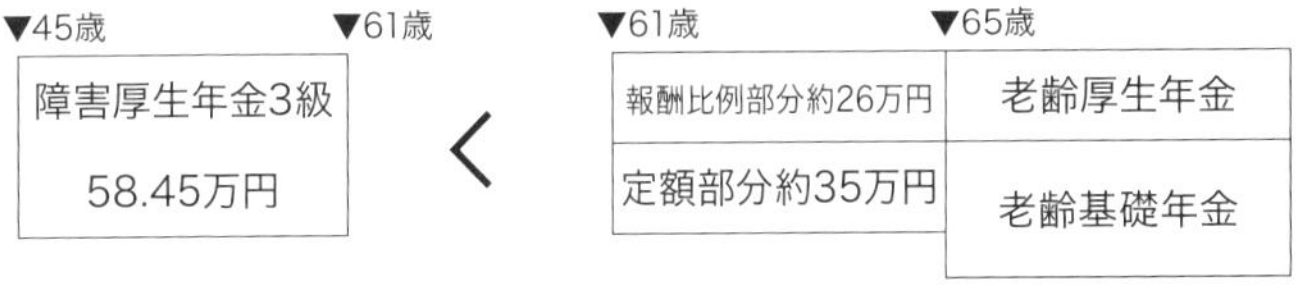

老齢厚生年金の請求時に、金額の多い障害者特例を受給（選択届を提出）

9 支給開始年齢の特例（その2）

～平成29年7月以前に受給資格年齢になった人

平成29年8月から老齢基礎年金の受給資格期間が10年に短縮されました。平成29年7月以前の受給資格期間は25年でしたが、主な特例として次の人は25年未満で受給できました。

①厚生年金または共済年金の加入期間が20年から24年ある

②40歳（女性は35歳）以降の厚生年金の加入期間が15年～19年ある

これらの人は、25年の加入期間がなくても、①②の受給資格期間を満たし受給年齢になったときから年金を受給できました。

平成29年7月までには25年を満たせないが、資格期間が10年以上ある場合は、平成29年8月1日に受給資格を満たします。

年金は制度改正も多く、原則と特例が入り乱れています。改正されても過去の内容が既得権で守られているケースもあり、複雑です。年金は請求しないと受け取れません。もらえないと簡単にあきらめず、日本年金機構から届いた書類を持参し、私の場合はどうなのか、年金事務所などにご相談ください。年金なんてもらえないと思っていた友人が年金を受給できるように

平成29年７月以前の受給資格期間の主な特例

特例１	厚生年金または共済組合期間が20～24年ある	昭和27.4.2以前生まれ　20年 昭和27.4.2～28.4.1生まれ　21年 昭和28.4.2～29.4.1生まれ　22年 昭和29.4.2～30.4.1生まれ　23年 昭和30.4.2～31.4.1生まれ　24年
特例２	40歳（女性・坑内員・船員は35歳）以降の厚生年金期間が15～19年ある	昭和22.4.1以前生まれ　15年 昭和22.4.2～23.4.1生まれ　16年 昭和23.4.2～24.4.1生まれ　17年 昭和24.4.2～25.4.1生まれ　18年 昭和25.4.2～26.4.1生まれ　19年

Q　上記の〈受給資格期間〉を満たしていますか？

イエス

平成29年７月以前に受給資格期間が25年未満でも、受給資格を満たし年金を受給できます。

〈気づきのポイント〉
① 年金には「原則」と「特例」がある
　～私の場合はどうかと思ったら相談してみよう！
② 年金は改正が続いている
　～過去の知識が正しいとは限らない
③ 年金に興味を持とう
　～日頃から年金情報にアンテナを張っておこう！

なり、「親切に相談に乗ってくれるから一度行ってみるといいよ」といわれて相談した人が年金を受給できた例もあります。

⑩ 短時間労働者も厚生年金加入に

～対象者は週20時間以上働き、賃金月額8・8万円以上

これまで週30時間（いわゆる4分の3要件）以上働く人が厚生年金（健康保険含む）加入の対象者でしたが、平成28年10月から、従業員501人以上の企業（※）で、週20時間以上働き、賃金月額8・8万円以上、雇用が1年以上見込まれ、学生でない人が対象となりました。

加入するメリット等は、現在の状況で次のように異なります。

①将来の年金額が増える
②障害がある状態になった場合など、より多くの年金額が受け取れる
③医療保険（健康保険）からの給付が充実している
④現在、国民年金や国民健康保険に加入している人の保険料が安くなることもある
⑤現在、自身で医療と国民年金の保険料を納付していない第3号被保険者は、厚生年金と健康保険の保険料（40歳以上65歳未満は介護保険料含む）の負担が増える

※平成29年4月より、500人以下でも労使合意（働いている人の2分の1以上と事業主が社会保険に加入することについて合意すること）により申請する法人・個人の事業所、地方公共団体に属する事業所も適用

保険料とおよその年金額のイメージ（40年加入）
（金額は月額・平成30年４月～）

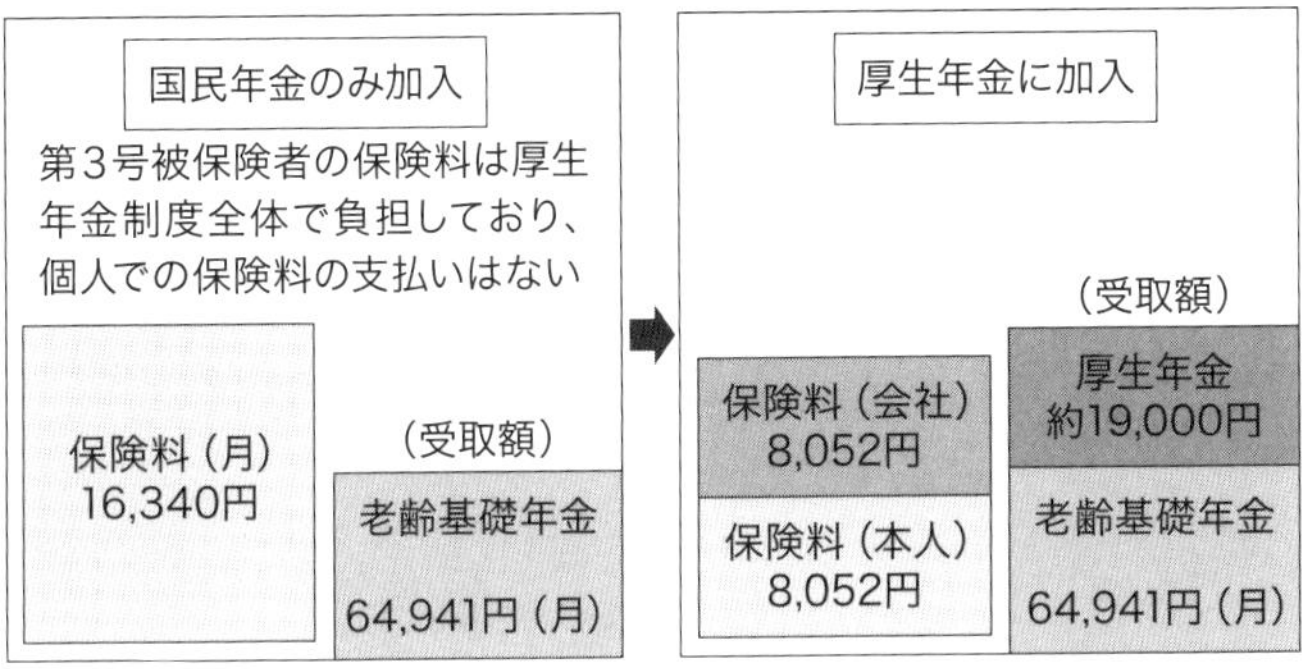

給与等が低いと保険料も安い

事例　標準報酬月額　88,000円のAさん（35歳）の場合

厚生年金の保険料（月）　88,000円×18.3%×1／2=8,052円

健康保険の保険料（月）　88,000円×9.90%×1／2=4,356円（※）

※全国健康保険協会（協会けんぽの場合）・東京都の場合

厚生年金・健康保険の保険料の計　12,408円

40歳以上65歳未満なら、介護保険料1.57%（全国一律。事業主と労働者で折半）の負担あり。

※健康保険組合の場合、率は規約で決まるので、それぞれの組合で異なる。

11 妻の収入○○万円の壁
～気になる130万円、150万円、106万円

平成30年1月から、配偶者控除と配偶者特別控除の控除額が改正され、給与所得者の合計所得金額が1000万円を超える場合、配偶者控除等は適用されません。配偶者特別控除の対象となる配偶者の合計所得額は、38万円超123万円以下（改正前は38万円超76万円未満）です。

夫の「扶養」に入れるかどうかで世帯の収入が変わるので、興味があるところです。「扶養」は、税法上と社会保険で異なります。社会保険は、夫が加入する健康保険の扶養に入り、国民年金の第3号被保険者になることです。なお、社会保険の加入要件は月額8・8万円で判断します。年収106万円（8・8万円×12月）はざっくり示した金額です。

本人の年収見込額が原則130万円（20歳以上60歳未満）かつ、被保険者の年収の2分の1以上に増え、配偶者の健康保険の扶養から外れたときは、市区町村役場で国民健康保険の加入手続きと、国民年金の第3号被保険者から第1号被保険者になる手続きをします。なお、60歳以上または一定の障害者は、年収が原則180万円以上になると健康保険の扶養から外れま

配偶者控除および配偶者特別控除のイメージ（平成30年1月以降）

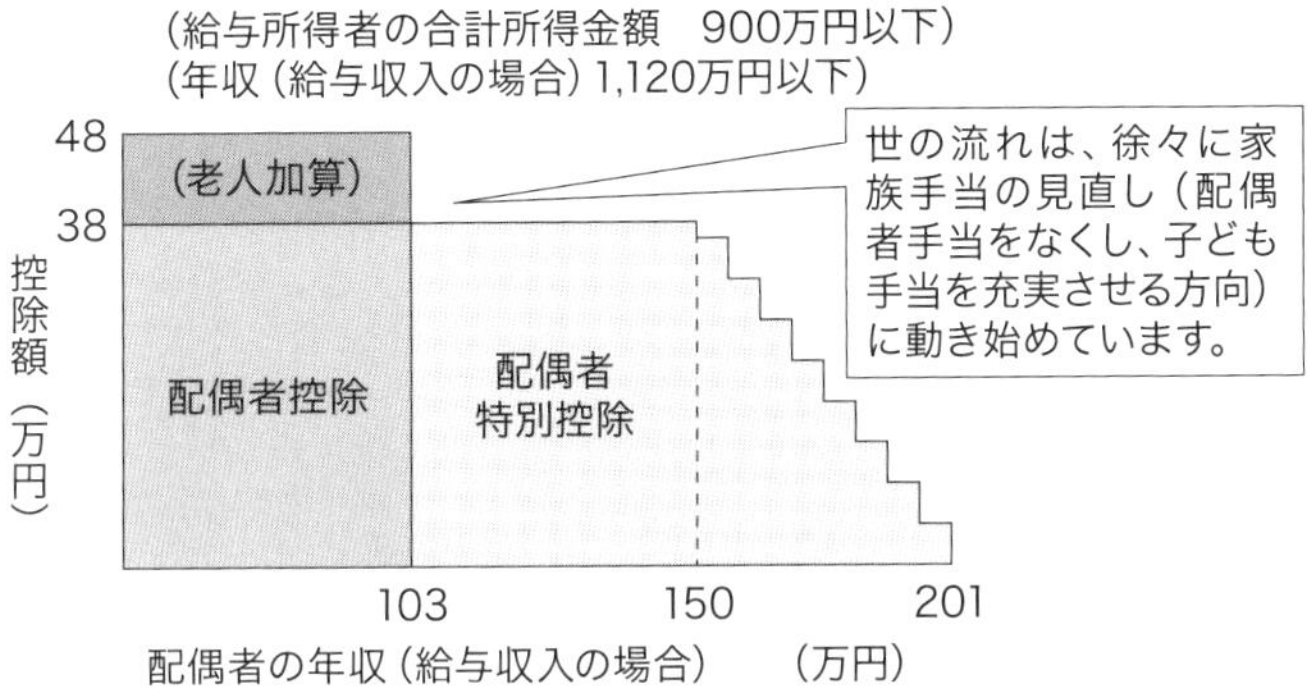

税制と社会保険の違いの整理

	収入の内容	収入の内容の時期・他
150万円 201万円	配偶者控除・配偶者特別控除の対象となる収入には、非課税の通勤手当・失業給付や健康保険からの給付・障害年金・遺族年金は含まず	1月～12月の過去の収入で判断
130万円	社会保険の扶養の判断対象となる収入には非課税収入含む（20歳以上60歳未満）	扶養の認定を受けた日～1年間の未来の見込額で判断
8.8万円	社会保険加入要件は月8.8万円。通勤手当・残業手当・賞与等は含めず。ただし、社会保険加入後は上記手当は保険料の対象	8.8万円×12月≒106万円と示したにすぎない

す。また、自営業者等の場合は、年間売上額から経費を控除した額が、年間収入になります（協会けんぽの場合）。健康保険組合は規約で決まります。

12 共済年金が厚生年金に一元化

～共済年金の2階部分が厚生年金並みに

被用者年金制度の持続継続を目的に、共済年金の2階部分が厚生年金に一元化（厚生年金並みに統一）されました（**被用者年金一元化**・平成27年10月施行）。具体的には、3階部分の職域部分が廃止され、年金払い退職給付が新たに創設、共済組合（国家公務員・地方公務員等・私立学校教職員）の加入者等がすべて厚生年金の被保険者になりました。

今までの厚生年金被保険者と、一元化後の厚生年金被保険者となる共済組合等の被保険者を区別するため、今までの厚生年金被保険者を「第1号厚生年金被保険者」、国家公務員は「第2号厚生年金被保険者」、地方公務員等は「第3号厚生年金被保険者」、私学学校教職員は「第4号厚生年金被保険者」と呼びます。

統一後の厚生年金に関する届出等は、ワンストップサービス（一度の手続きで必要なことすべてを完了できるサービス）として日本年金機構の窓口でも受付します。

ワンストップサービスの対象とならない主なものは、障害年金の請求書（初診日のある機関の窓口に提出）、公的年金等の受給者の扶養親族等申告書等、特定警察職員・特定消防職員の

変わる公的年金制度～平成27年10月施行

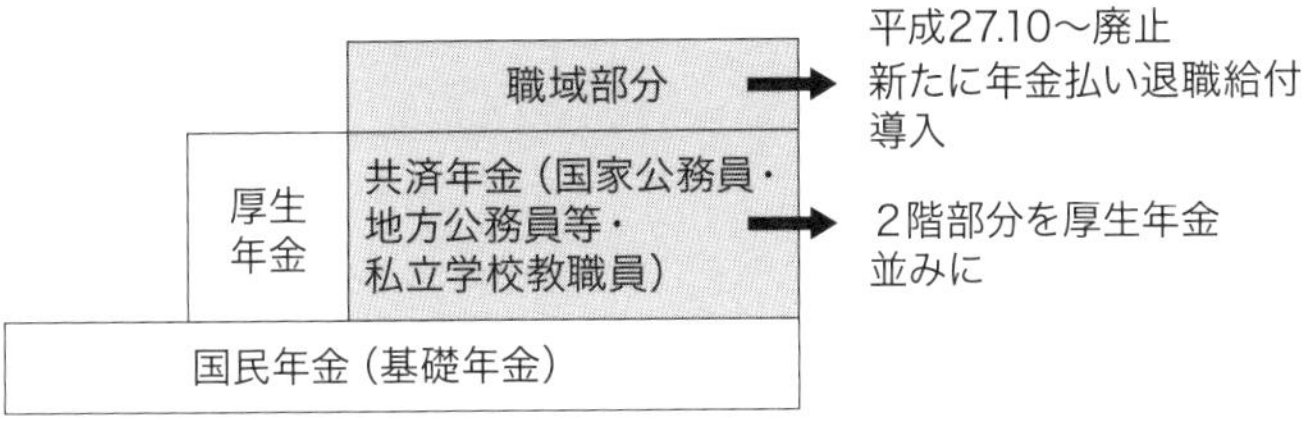

厚生年金の被保険者の種別変更

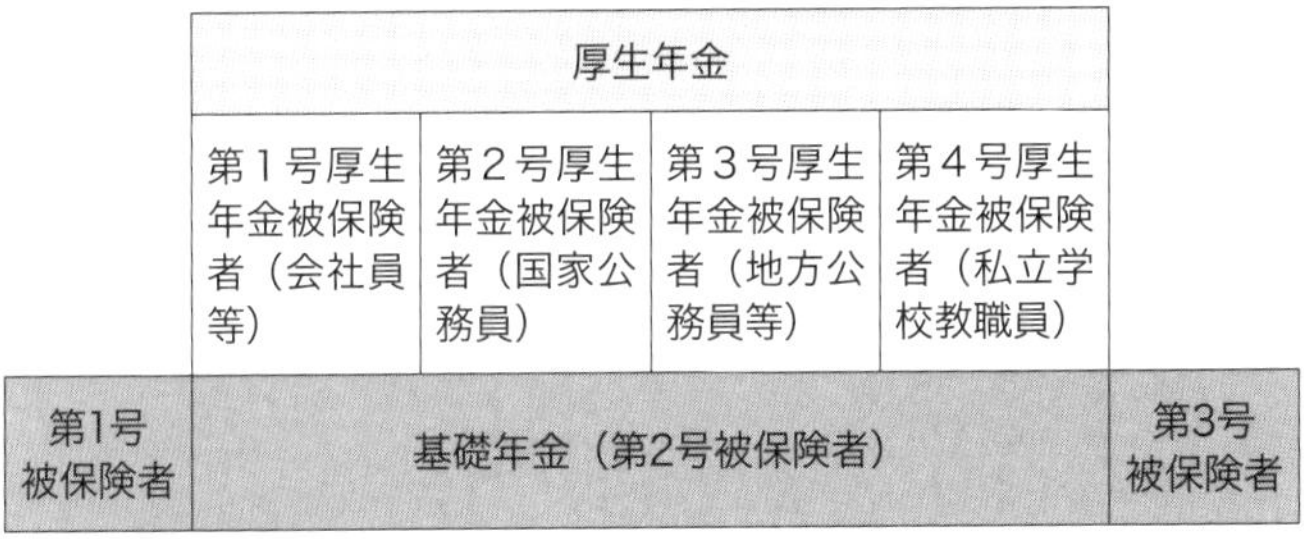

特別支給の老齢厚生年金の請求書等です。

ただし、統一後の厚生年金の決定・支払いは、これまでどおり、日本年金機構または各共済組合等がそれぞれ行います。

一元化で2階部分が原則厚生年金並みに統一により、給付（職域部分）の減少と、新たに創設された「年金払い退職給付」の保険料負担（1・5%、労使折半）が増えるため、共済組合等加入者のセカンドライフにかなり影響しそうです。

13 共済年金が厚生年金に統一で変わる受給額
～職域部分廃止と年金払い退職給付

公的年金は、自分で積み立てた掛金を将来自分で受け取る民間会社の積立て方式と異なり、若い世代の保険料と税金等で現在の高齢者の年金支払いを賄う賦課方式です。

年金財政の困窮もあり、共済年金の一元化後は、３階部分の賦課制度の職域部分を廃止し、積立て方式の年金払い退職給付に変更となりました。なお、一元化後、３階部分の職域部分は廃止されましたが、経過措置的に平成27年９月以前までの分は支給されます。

年金払い退職給付は、半分は「終身退職年金」、半分は10年または20年の「有期退職年金」で受けられます（一時金選択も可）。退職が要件なので、受給権者が組合員等であるときは、終身退職年金はその間支給停止、有期退職年金の受給権者が組合員等であるときは支給されません。原則65歳から支給されますが、希望により60歳からの繰上げ、70歳までの繰下げも可能です。本人の死亡により終身退職年金は終了、有期退職年金の残余部分は遺族に一時金で支給されます。なお、年金払い退職給付の額は、従来の職域部分の約９割に減額です。

一元化による制度変更のイメージ

（賦課方式）　一元化前　▼　一元化後　（積立て方式）

職域部分のイメージ

モデル
年金額
月２万円※

職域部分
（終身年金）

年金払い退職給付のイメージ

月
1.8万円

終身退職年金　1／2
有期退職年金　1／2

※モデル年金月額は、40年加入者の報酬比例部分（年）約120万円を参考
　報酬比例部分120万円の２割の24万円（月換算で２万円）で試算

本人生存中は、平成27年９月までの職域部分は受給可だが、本人の死亡時期で職域部分からの遺族年金額は減る

▼平成27.10〜

共済組合等加入	
職域部分（経過的に受給可）	年金払い退職給付

職域部分からの遺族年金の割合（公務外）

死亡日・平成	職域部分をA	死亡日・平成	職域部分をA
27.10.1 〜 37.9.30	A×3／4	42.10.1 〜 43.9.30	A×24／40
37.10.1 〜 38.9.30	A×29／40	43.10.1 〜 44.9.30	A×23／40
38.10.1 〜 39.9.30	A×28／40	44.10.1 〜 45.9.30	A×22／40
39.10.1 〜 40.9.30	A×27／40	45.10.1 〜 46.9.30	A×21／40
40.10.1 〜 41.9.30	A×26／40	46.10.1 〜	A×1／2
41.10.1 〜 42.9.30	A×25／40		

14 共済年金が厚生年金に統一で変わる主な内容

共済年金は厚生年金より一部保障が良い内容があったものを含め、一元化後は厚生年金並みに揃えることになりました。厚生年金並みに揃える主なものは、次のとおりです。

①共済年金では被保険者の年齢に制限はなかったが、70歳までに。

②共済年金には障害年金や遺族年金の保険料納付要件（保険料を決められた期間納付しているかの要件）がなかったが、今後は厚生年金や国民年金と同様に求められる。

③共済年金の遺族の子・孫が障害等級1・2級に該当した場合、年齢制限はなかったが、今後は厚生年金と同様、20歳未満に限る。

一元化でしくみが変わる主なものは次のとおりです。

①1年以上厚生年金（共済組合等）に加入すると、60歳代前半の特別支給の老齢厚生（退職共済）年金を受給できます。これまでは会社員等と共済組合の期間ごとの月数で判断していましたが、一元化後は両方の期間を通算できます。

②加入期間が通算されるものに、加給年金額・振替加算・中高齢寡婦加算額等があります。

共済年金が一元化で厚生年金並みになる主な内容等

共済年金（一元化前）	内　　　容	（一元化後）厚生年金へ
年齢制限なし（私学共済除く）	被保険者の加入年齢	70歳まで
在職中は支給調整あり	障害年金	在職中でも支給調整なし
保険料納付要件なし	障害年金	保険料納付要件あり
夫・父母・祖父母の年齢制限なし。ただし、60歳まで支給停止 子・孫が18歳年度末までの間にある未婚の子、または障害等級１・２級に該当する子（年齢制限なし）	遺族の範囲	夫・父母・祖父母は55歳以上。ただし、60歳まで支給停止 子・孫が18歳年度末までの間にある未婚の子、または障害等級１・２級に該当する20歳未満の子
先順位の人が失権しても、次順位者に権利が発生する	遺族年金の転給	先順位者が失権すると、次順位者に権利が発生しない
共済組合期間の年金の受給開始年齢は、男女とも厚生年金の男性と同じ生年月日に発生	受給開始年齢 ★今までどおり変わらず	会社員等の厚生年金の受給開始年齢は、男女の生年月日（女性は男性の5年遅れ）で異なる

コラム

65歳までの無年金は厳しい

～70歳代世代と受給総額最大で1200万円の差

現在60歳代前半の報酬比例部分の支給開始年齢は、生年月日で順次引き上げられており、昭和36年4月2日（女性は41年4月2日）以降生まれが年金を受けられるのは65歳からです。60歳から65歳までの5年間が無年金期間。もちろん、多くの人が継続雇用などで働くと思いますが、既に年金を受け取っているそれなりに働いた70歳代後半の人と比べて約1200万円（20万円×12月×5年）の損失（年金が少ない）です。

老後を乗り切るにはそうした現実を一人ひとりが受け止め、長い老後を見据えた働き方、心地よい生き方を可能にするマネープランニングが50歳代から必要な時代になったのです。

人生100年時代は悪いことばかりではありません。何より、以前と比べ高齢期に働くのが当たり前の時代になり、国も働き方改革などで応援しています。厚生年金に加入して働く、未加入で働く、独立して新たに開業する等働き方も様々。そのために年金・医療・介護保険の知識を身につけておきましょう。先輩たちと比べ年金額が少ないなら、時間をかけて増やし、長くなる人生を楽しみましょう。そのときあわてないために！

第5章

在職老齢年金と雇用保険

～働きながら受給する年金と雇用保険との調整

❶ 知っておきたい在職老齢年金

～60歳代前半と後半でしくみが異なる

在職老齢年金とは、60歳以上70歳未満の人が会社などに在職（厚生年金の被保険者として）して働いた場合や、70歳以上の人が厚生年金の適用事業所で働いた場合、老齢厚生年金額と報酬や賞与の額により、年金の一部の額または全額が支給停止される制度です。60歳代前半と65歳以降ではしくみが異なります。調整の対象となる年金と支給停止の基準となる金額が異なり、65歳以降の停止額は緩やかになっています。

生年月日や男女で老齢厚生年金の受給開始年齢は異なりますが、次ページの例のように、現在、在職老齢年金の調整対象となる年金は、60歳代前半も65歳以降も報酬比例部分。つまり、65歳以降は、年金額や報酬等にかかわらず、経過的加算額や老齢基礎年金は全額受け取れます。

計算の方法は、①基本月額（加給年金額を除いた年金月額）と、②総報酬月額相当額（その月の標準報酬月額とその月以前1年間の標準報酬額の計÷12月）の合計額が28万円（65歳以降は46万円）以下なら、年金は全額支給されます。

調整対象となる年金と支給停止の基準額（28万円と46万円・平成30年度）

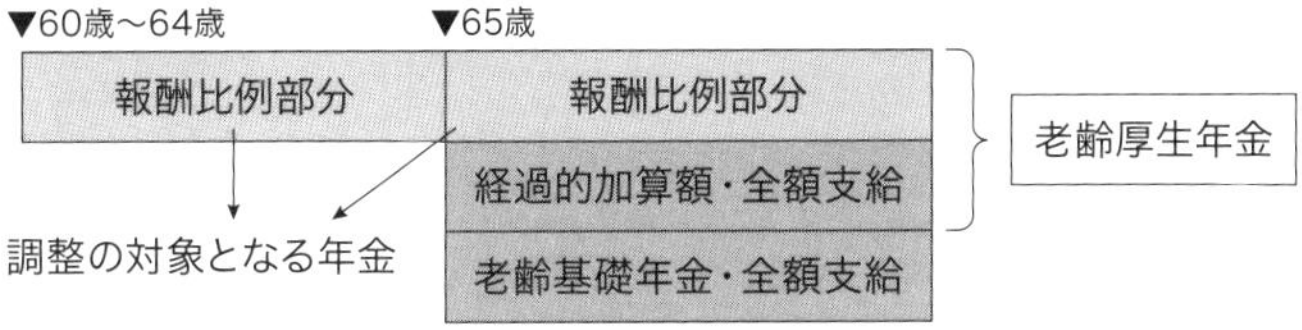

65歳前は28万円（基準額）、65歳以降は46万円（基準額）

ポイント

厚生年金基金の加入期間がある場合は、厚生年金基金に加入しなかったと仮定して計算した年金額を基に計算。受給額がマイナスになる場合、報酬比例部分は全額支給停止（加給年金額含む）。日本年金機構と共済組合等から複数の年金を受給している場合、各々の金額に応じて按分した額が支給停止となる。

2

60歳代前半の在職老齢年金

〜28万円が基準

60歳代前半の在職老齢年金は、基本月額と総報酬月額相当額の合計が28万円以下なら全額支給されます。よくある例が、基本月額と総報酬月額相当額の合計が28万円を超え、基本月額が28万円以下、総報酬月額相当額が46万円以下の場合です。

仮に基本月額を10万円、総報酬月額相当額を30万円とすると、基本月額10万円と総報酬月額相当額30万円の合計40万円のうち28万円を超えた12万円の2分の1の6万円が停止され、在職老齢年金は4万円の受給です。

よく受ける質問の一つが、「年収（標準報酬月額等）をいくらにすれば年金は全額もらえる?」です。次ページの表「60歳代前半の人に支給される在職老齢年金のイメージ」を参考にしてください。

次に多い質問が、「停止されていた期間の年金額は退職したら受給できるのか?」ですが、残念ですが、停止期間中の年金額は退職しても受給できません。ただし、退職まで納付した保険料は、退職時の年金額に反映されます。

よくある例のイメージ（60歳代前半の在職老齢年金額）

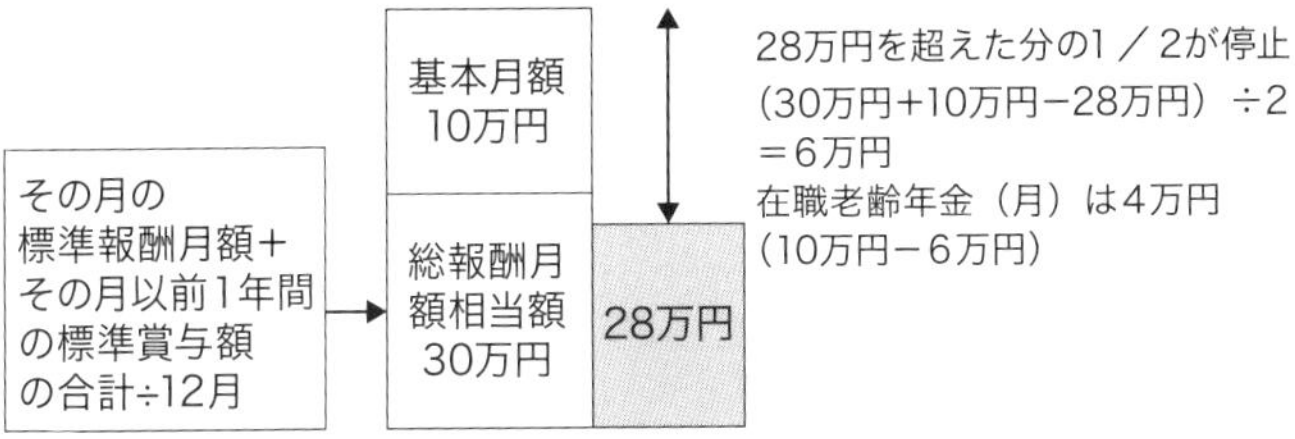

60歳代前半の人に支給される在職老齢年金のイメージ

基本月額	総報酬月額相当額						
	8.8万円	18万円	20万円	24万円	30万円	36万円	41万円
5万円	5万円	5万円	5万円	4.5万円	2.5万円	0円	0円
10万円	10万円	10万円	9万円	7万円	4万円	1万円	0円
15万円	15万円	12.5万円	11.5万円	9.5万円	7.5万円	3.5万円	1万円

確かに、せっかく働くのに年金額が一部または全額停止は本意でないことはわかりますが、年金額だけでなく長くなる人生をどう生きたいか、と考える選択も、これからは必要かも知れません。

3

65歳以降の在職老齢年金

～46万円が基準

65歳以降の在職老齢年金は、基本月額と総報酬月額相当額の合計が46万円以下なら全額支給されます。合計額が46万円を超えると、超えた分の2分の1が基本月額から停止されます。ただし、老齢基礎年金と経過的加算額は、基本月額（加給年金額を除いた年金月額）や総報酬月額相当額にかかわらず全額支給されます。

厚生年金の適用事業所で働く人は70歳まで厚生年金に加入できますが、70歳以上の人は厚生年金に加入しないため、保険料の負担はありません（健康保険の保険料の負担あり）が、65歳以降の在職老齢年金の対象となります。

仮に基本月額を13万円、総報酬月額相当額を45万円とすると、基本月額13万円と総報酬月額相当額45万円の合計58万円のうち、46万円を超えた12万円の2分の1の6万円が停止され、在職老齢年金は7万円の受給です。併せて、老齢基礎年金と経過的加算額が受給できます。

よくある質問が、「在職老齢年金を受けていた人が退職した場合、年金額はいつから変わ

事例のイメージ（65歳以降の在職老齢年金額）

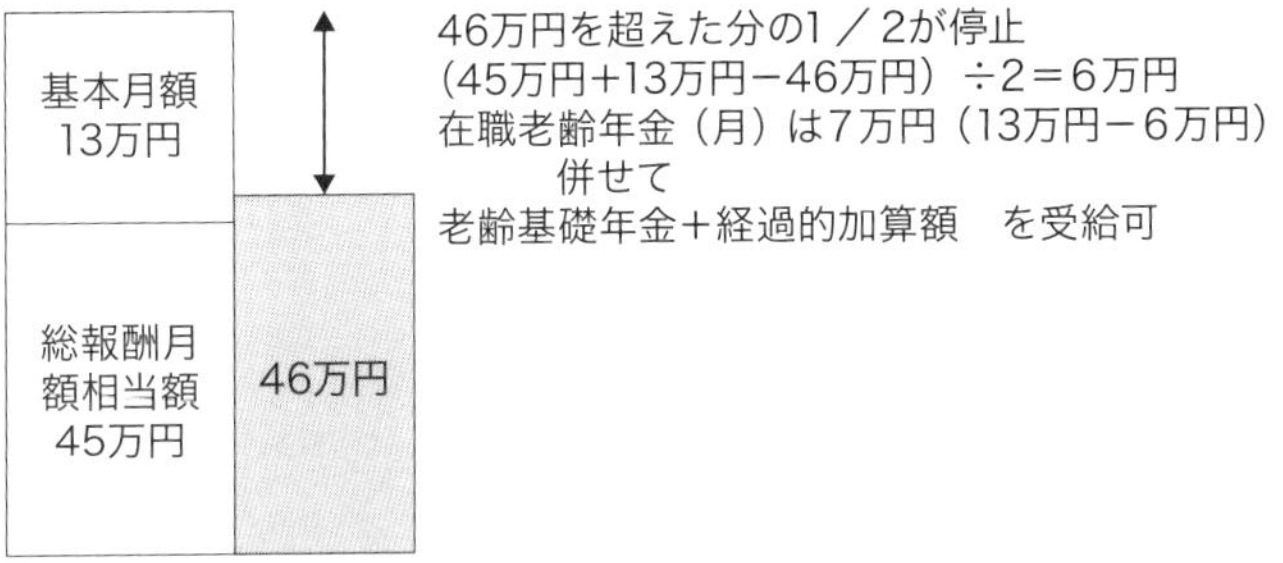

65歳以降の人に支給される在職老齢年金のイメージ（在職老齢年金が一部でも支給なら加給年金額も支給）

基本月額	総報酬月額相当額						
	20万円	25万円	30万円	35万円	40万円	45万円	50万円
8万円	8万円	8万円	8万円	8万円	7万円	4.5万円	2万円
10万円	10万円	10万円	10万円	10万円	8万円	5.5万円	3万円
13万円	13万円	13万円	13万円	12万円	9.5万円	7万円	4.5万円
16万円	16万円	16万円	16万円	13.5万円	11万円	8.5万円	6万円

る?」ですが、退職した翌月分の年金額から改定（見直し）され、全額支給されます。退職して1ヵ月以内に厚生年金に加入した場合は、引き続き在職老齢年金として受け取ります。

4 高年齢雇用継続給付（雇用保険）
～60歳代前半の在職老齢年金との調整

高年齢雇用継続給付は、雇用保険の被保険者期間が5年以上ある60歳以上65歳未満の被保険者が、60歳到達時（被保険者期間が60歳時に5年未満のときは、5年以上となったとき）の賃金と比べ75％未満に低下したとき、最高（賃金61％未満に低下）で賃金の15％に相当する額を受けられるものです。なお、60歳到達時の賃金の上限額は46万９５００円、賃金と給付額の合計額の上限は35万７８６４円です（平成29年8月1日～30年7月31日）。

高年齢雇用継続給付には、失業給付等を受給せず雇用を継続した人が受け取る「高年齢雇用継続基本給付金」と、失業給付等を受けた後、再就職した人が受け取る「高年齢再就職給付金」の二つがあります。

65歳未満の人が、在職老齢年金と高年齢雇用継続給付を受けられるときは、在職老齢年金は本来の支給停止に加え、高年齢雇用継続給付の給付額に応じ、年金の一部（標準報酬月額の6％（上限）に相当する額）が停止されます。手続きは原則、事業主が行います。

支給停止のしくみのイメージ（事例は年金受給開始63歳の場合・1年以内の賞与なし）

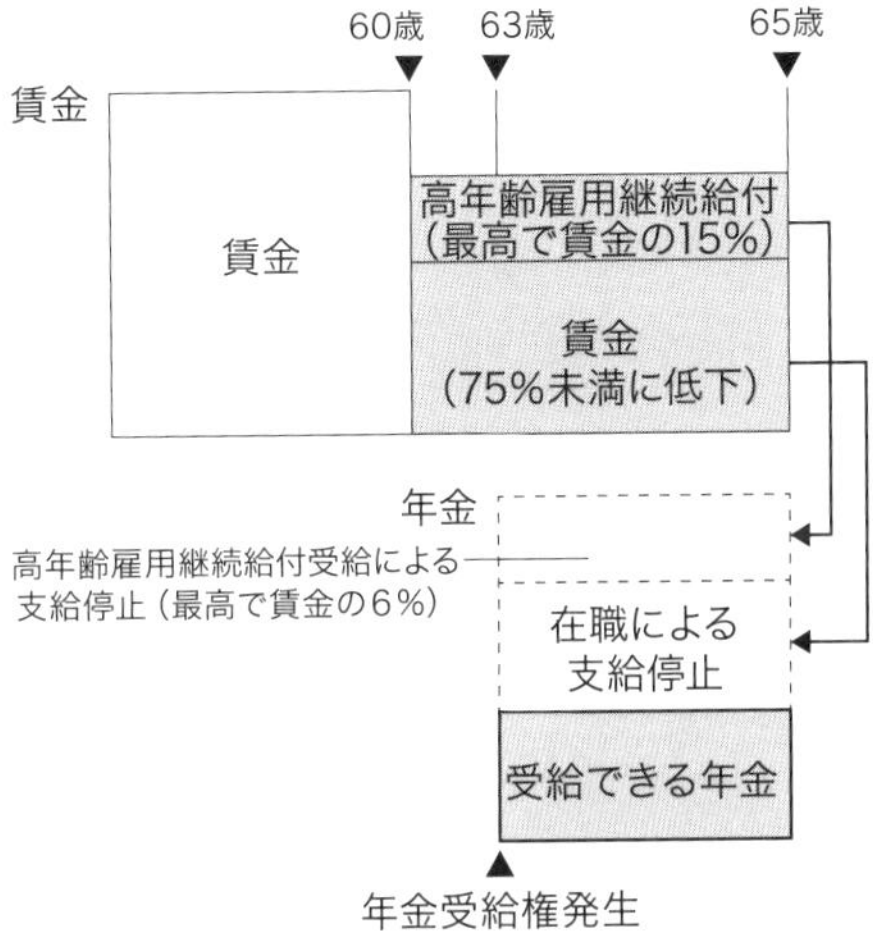

60歳時の賃金50万円、60歳以降の賃金26万円（標準報酬月額26万円）で継続雇用で働いた場合

	60歳からの収入	63歳からの収入
賃金	260,000円※	260,000円※
賃金が60歳時より61%未満に低下 260,000円÷469,500円（上限）≒55%<61% 雇用継続基本給付金　260,000円×15%＝39,000円	39,000円（非課税）	39,000円（非課税）
63歳からの年金月額　12万円 停止額（120,000円＋260,000円−280,000円）÷2＝50,000円 さらに停止額　標準報酬月額260,000円×6%＝15,600円 年金支給額　120,000円−50,000円−15,600円＝54,400円	—	54,400円（課税なし）
計	299,000円	353,400円

※賃金が50万円から26万円に低下した分、社会保険料・税金が低額に。公的年金も公的年金等控除70万円があるので課税なし。したがって実質手取りの目減りは少ない。

5 雇用保険と年金の調整

～60歳代前半の特別支給の老齢厚生年金など

60歳代前半の特別支給の老齢厚生年金と失業等給付は、両方受け取ることはできません。金額や税金額など考慮してどちらか選択します。なお、失業等給付と調整されるのは特別支給の老齢厚生年金なので、遺族厚生年金や障害厚生年金等と失業等給付は、両方受け取れます。

また、65歳以降の老齢厚生年金は、失業等給付との調整はありません。年金において65歳になった日は65歳の誕生日の前日をいいます。したがって、65歳の誕生日の前々日までに離職すれば、老齢厚生年金と失業等給付（定年退職者等・基本手当90日から150日分）の両方を受給できます。65歳以降離職すると、老齢厚生年金と一時金（高年齢求職者給付金）の両方を受給できますが、被保険者期間が1年未満だと基本手当30日分、1年以上は50日分です。

基本手当は、受給資格者が離職後、公共職業安定所（ハローワーク）に離職票を提出し、求職の申込みをして、原則4週間に1回失業の認定を受けた日に支給されます。

基本手当の給付日数・定年退職者や自己都合で退職した人

被保険者期間	1年未満	10年未満	10年以上 20年未満	20年以上
年齢問わず	−	90日	120日	150日

年齢別賃金日額・基本手当日額の上限額
（平成29年８月１日〜30年７月31日）

離職時の年齢	賃金日額の上限	基本手当日額の上限
29歳以下	13,420円	6,710円
30〜44歳	14,910円	7,455円
45〜59歳	16,410円	8,205円
60〜64歳	15,650円	7,042円

ポイント

60歳代前半の年金月額と基本手当日額の30日分の額を比べ、雇用保険からの金額が多ければハローワークで求職の申込みをする。年金の方が多いならハローワークの手続きはしない。基本手当日額は非課税であることも考慮して判断する。

第6章

遺族厚生年金の内容と年金額

もしものときに備えて制度を理解しましょう

1 遺族厚生年金が支給される要件

～厚生年金の被保険者または被保険者であった人が一定の要件を満たすと遺族に支給される

遺族厚生年金は、死亡した人が次の要件に当てはまるときに支給されます。

①厚生年金の被保険者期間中に死亡
②退職後、厚生年金の被保険者期間中に初診日がある病気が原因で初診日から5年以内に死亡
③障害厚生年金（1級または2級）を受けている人が死亡
④老齢厚生年金を受けている人が死亡、または受ける資格がある人が受ける前に死亡

※①②③を短期要件（①②は保険料の納付要件を満たしていること）、④を長期要件といいます。
①は、被保険者期間が300月に満たない場合、300月にみなして年金額を計算します。

平成29年8月から老齢基礎年金の受給資格期間が25年から10年になりましたが、④は保険料納付済期間等が原則25年以上必要です。

遺族厚生年金を受けられる遺族は、被保険者等が死亡当時、生計維持関係にあった配偶者または子、父母・孫・祖父母。受給順位は、配偶者または子、父母、孫、祖父母の順で、上位者が受給後、次順位以下は失権します。遺族が子のある配偶者または子の場合、国民年金から遺

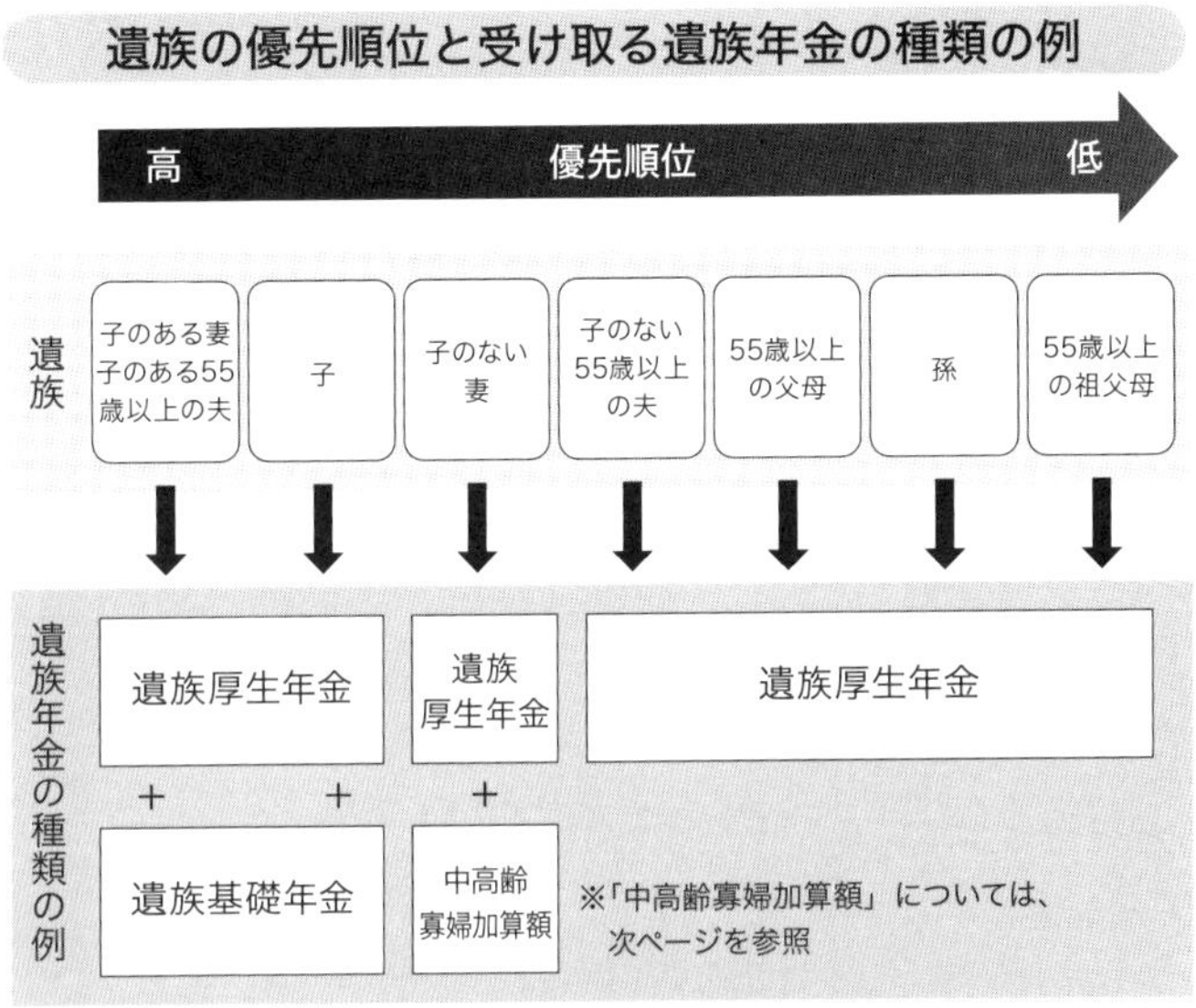

「生計を維持されている」とは……

「生計を維持されている」とは、原則として次の要件を満たす場合をいいます。

1. 同居していること（別居していても、仕送りしている、健康保険の扶養親族である等の事項があれば認められます）。
2. 加給年金額等対象者について、前年の収入が850万円未満であること。または所得が655万5千円未満。

族基礎年金を受けられます。さらに、遺族厚生年金の受給権がある場合は、遺族基礎年金に上乗せして受けられます。遺族となった夫、父母、祖父母は、死亡当時55歳以上（受給開始は60歳から）、ただし、夫は遺族基礎年金を受給中に限り、60歳より前でも受給できます。

②勘違いで多い質問は、夫の遺族厚生年金は全額受け取れますか？

～夫死亡当時、妻が65歳前か65歳以降か、妻の働き方等で異なります

遺族厚生年金の額は、**夫の報酬比例部分の４分の３**。会社員の夫が死亡当時、妻が65歳前か65歳以降か、妻の生年月日、妻の年金加入歴などで異なります。

厚生年金期間が短く若くして死亡した場合、遺族厚生年金額は低額ですが、妻が65歳前は中高齢寡婦加算額58万４５００円が40歳から65歳になるまで加算されます。ただし、65歳以降の経過的寡婦加算額は、昭和31年４月２日以降生まれの妻に加算されません。

さらに注意したいのは、夫が死亡して受給できる遺族厚生年金額は、厚生年金に加入した65歳以降の妻には全額上乗せされません。65歳以降（平成19年４月以後）は、遺族厚生年金と妻の老齢厚生年金を受けられる場合、原則として妻の老齢厚生年金が優先され、夫の遺族厚生年金と妻の老齢厚生年金の差額が遺族厚生年金となります。

60歳以上65歳未満で、遺族厚生年金と妻の60歳代前半の報酬比例部分を受けられる場合は、いずれか一つを選択します。

長生きの女性のライフプランに関係するため、しくみを正しく理解しておきましょう。

妻65歳以降の老齢厚生年金と遺族厚生年金の併給パターン

妻の65歳以降の遺族厚生年金の額は、①または③の遺族厚生年金額（経過的寡婦加算額含む）を比べ、高い金額から老齢厚生年金の額を除いた額が遺族厚生年金額です。

①
遺族厚生年金
老齢基礎年金

②
老齢厚生年金
老齢基礎年金

③
遺族厚生年金の2/3　老齢厚生年金の1/2
老齢基礎年金

経過的寡婦加算額　平成30年度

妻の生年月日	加算額(円)	妻の生年月日	加算額(円)
昭和2.4.1以前	584,500	昭和17.4.2～18.4.1	272,780
昭和2.4.2～3.4.1	554,527	昭和18.4.2～19.4.1	253,297
昭和3.4.2～4.4.1	526,774	昭和19.4.2～20.4.1	233,815
昭和4.4.2～5.4.1	501,004	昭和20.4.2～21.4.1	214,332
昭和5.4.2～6.4.1	477,010	昭和21.4.2～22.4.1	194,850
昭和6.4.2～7.4.1	454,617	昭和22.4.2～23.4.1	175,367
昭和7.4.2～8.4.1	433,668	昭和23.4.2～24.4.1	155,885
昭和8.4.2～9.4.1	414,028	昭和24.4.2～25.4.1	136,402
昭和9.4.2～10.4.1	395,579	昭和25.4.2～26.4.1	116,920
昭和10.4.2～11.4.1	378,215	昭和26.4.2～27.4.1	97,437
昭和11.4.2～12.4.1	361,843	昭和27.4.2～28.4.1	77,955
昭和12.4.2～13.4.1	346,381	昭和28.4.2～29.4.1	58,472
昭和13.4.2～14.4.1	331,754	昭和29.4.2～30.4.1	38,990
昭和14.4.2～15.4.1	317,897	昭和30.4.2～31.4.1	19,507
昭和15.4.2～16.4.1	304,751	昭和31.4.2～	0
昭和16.4.2～17.4.1	292,262		

（昭和31年4月2日以降生まれの妻に加算なし）

3 働き方で異なる遺族厚生年金の額・夫53歳で死亡

～事例で比べる、専業主婦世帯と共働き世帯の年金額

勘違いで多いのが、65歳以降妻が受け取る遺族厚生年金の額です。会社員の夫（53歳）が死亡した場合、専業主婦の妻と共働きの妻（50歳）で比べてみました。共に子は成人しています。夫の厚生年金加入30年分の遺族厚生年金額は66万円、共働きの妻の65歳からの老齢厚生年額を70万円として試算します。事例1・事例2共に、65歳前に妻が受給する遺族厚生年金額は同じですが、65歳以降は、共働きの妻（厚生年金の加入期間がある妻含む）が受給する老齢厚生年金額に、夫の遺族厚生年金が全額上乗せされないので注意しましょう。

中高齢寡婦加算額は、夫が死亡したとき妻が40歳以上65歳になるまで58万４５００円が、遺族厚生年金に加算されます。遺族厚生年金と遺族基礎年金を受けていた「子のある妻」（40歳に達した当時、子がいるため遺族基礎年金を受けていた妻）は、子が18歳になった年度末（障害状態にある場合は20歳）に達すると、遺族基礎年金が支給停止になる代わりに中高齢寡婦加算額が加算されます。

中高齢寡婦加算額を受け取っている人が65歳になると、**経過的寡婦加算額**に変わります。

事例1　専業主婦（50歳・昭和43年4月2日生まれ）

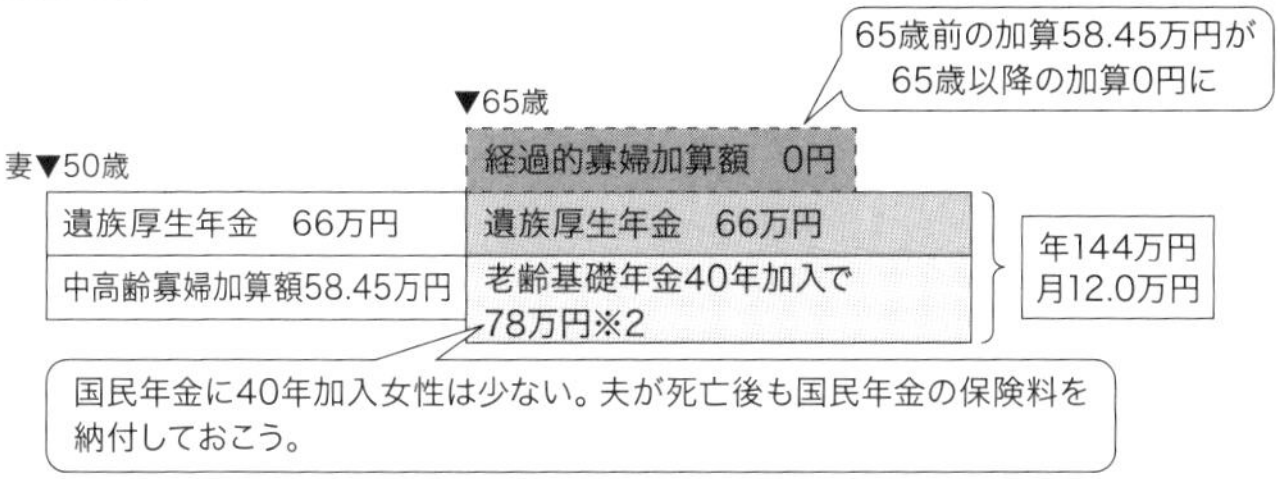

事例2　共働きの妻（50歳・昭和43年4月2日生まれ）

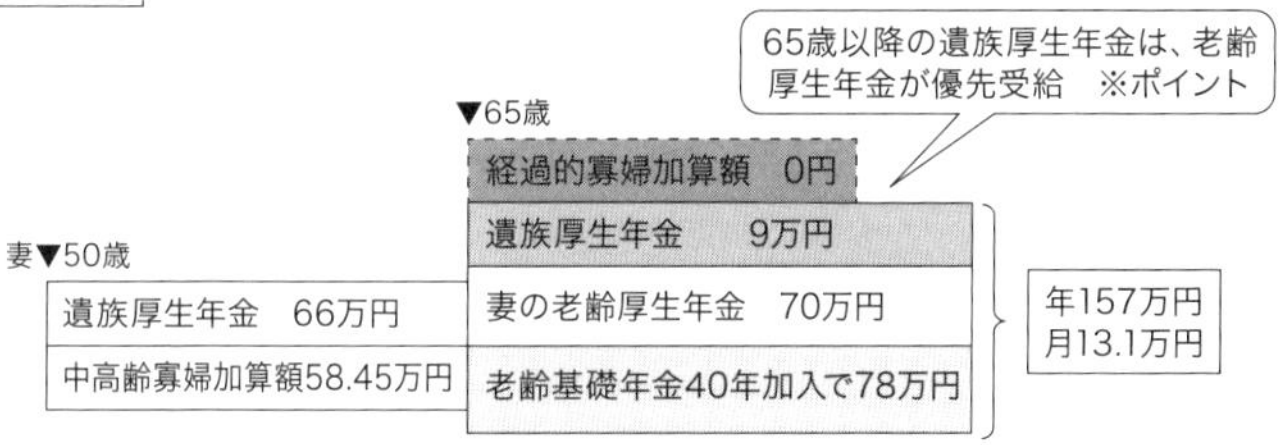

※ポイント（113ページ参照）

①66万円＜③79万円

③79万円－②70万円＝9万円

→遺族厚生年金の額

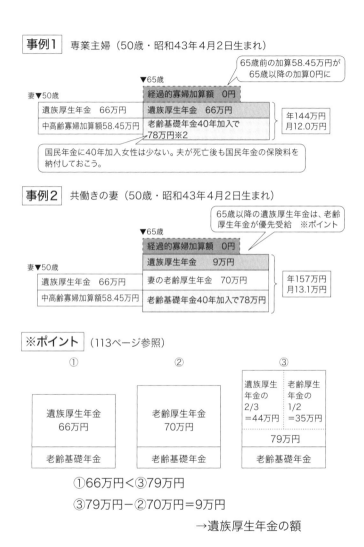

4 親世代の年金額は参考にならない・夫90歳で死亡の仮定で試算

～知ってマネープランに役立てたい、世代で異なる遺族厚生年金額

高齢期、夫が死亡して妻が受け取る年金額が世代で異なる理由の一つは加算額の違いです。そもそも公的年金が成立したとき、既にある年齢以上の人は年金に加入したくても長く加入できませんでした。そこで、生年月日等で高齢者の年金額が調整されています。結果、夫死亡時に高齢の妻が受け取る年金総額はかなり大きな金額になり、現在50歳代以降の人と差が出るのです。

厚生年金に40年加入（報酬比例部分120万円）した現在85歳と55歳の夫が、90歳で死亡と仮定して、世代で異なる妻（専業主婦・夫より3歳年下）の受け取る年金総額を比べてみます。

それなりに暮らしてきた現在の高齢者の年金額はかなり高額です。親世代の暮らしをみて50歳以降の人が自分たちも何とかなりそうと思う勘違いは禁物。事例は厚生年金に40年加入で試算です。加入期間が短く報酬等が低いと遺族厚生年金の額は更に減ります。世代で異なる加算の額を理解して、マネープランに役立ててください。

事例1　夫（85歳・昭和8年4月2日生まれ）、
妻（82歳・昭和11年4月2日生まれ）

夫の報酬比例部分は120万円

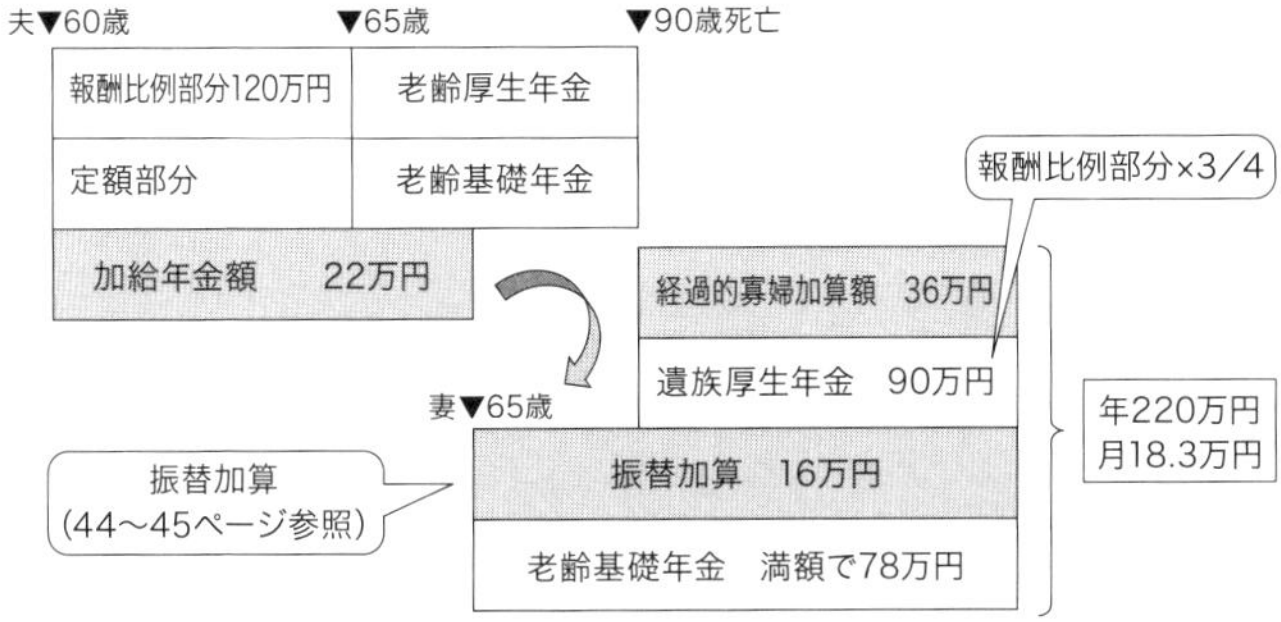

事例2　夫（55歳・昭和38年4月2日生まれ）、
妻（52歳・昭和41年4月2日生まれ）

夫の報酬比例部分は120万円

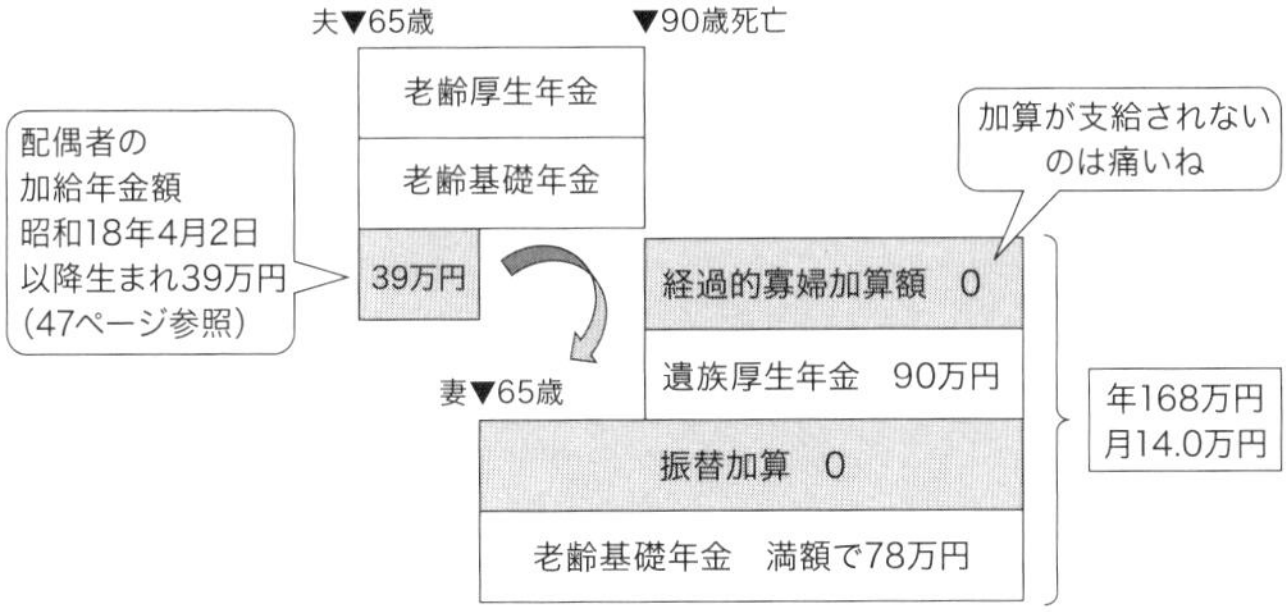

注：年金額は万円未満四捨五入。平成30年度額で試算

コラム

遺族厚生年金は夫の年金の6割ではないの？

～夫婦の年金の内容、夫死亡時の妻の年齢などで異なります

夫が万が一の場合、妻が受給できる遺族年金額は関心が高い割に正しく理解されていません。

「サラリーマンだった夫の遺族厚生年金額は、夫が受けていた年金の6割と聞いていたのに」と、実際の受取額との違いを嘆く妻もいます。

6割の根拠は、友人たちの実際のケースから出た金額のようです。しかし、同じサラリーマンの妻でも、夫死亡時の妻の年齢、夫婦の生年月日や働き方（在職中の報酬や賞与等の額、加入期間）、在職中の死亡または退職後の死亡、子の有無などで、金額が異なります。

特に、40歳代、50歳代以降の夫婦の場合は、70歳代、80歳代など自分の親世代と比べ受給額も少なめです。巷の情報集めは大切ですが、集めた情報を自分に当てはめて確認することも必要です。「年金額もわからないのにライフプランは立てられない」と相談者からよく聞きますが、年金には老齢年金のほかに遺族年金も含むことを覚えておきましょう。

第7章

働く世代と介護

～介護保険制度の内容と親世代の介護を考える

1 若い世代・高齢者共通の不安

～増え続ける認知症等への対策が課題

将来、自身や家族が「寝たきり」や「認知症」等になるかもしれない不安は誰もが抱いています。厚生労働省の統計によれば、65歳以上の第1号被保険者3446万人に対する**要介護（要支援）認定者数は633・1万人、認定者数の割合は約18％**を占めています（「介護保険事業状況報告の概要」平成29年暫定版）。

また、65歳以上の高齢者の認知症患者数と有病率の将来推計をみると、2012年に462万人だった認知症患者数が2025年には約700万人、**5人に1人が認知症になる**と見込まれています。長寿化で介護が必要となる期間も長くなり、介護期間が長引けば当然に医療負担も増えます。介護問題には介護・医療保険の保険料とサービスや治療を受けたときの費用負担、家族を含めた支える人材の確保など、課題が山積みです。

社会保険における環境の変化を受け入れつつ、今後の負担増に対応した家計管理が求められそうです。だからこそ、**要介護状態になるのを少しでも遅くする予防介護・生き方を身につける大切さに気づき、そのための実践**こそが、高齢期の暮らしの質を高めるポイントでしょう。

2025年には約700万人、高齢者の5人に1人が認知症になると推定

	2012年	2015年	2020年	2025年
各年齢の認知症の有病率が一定の場合	462万人（15%）	517万人（15.7%）	602万人（17.2%）	675万人（19.0%）
各年齢の有病率が上昇した場合		525万人（16.0%）	631万人（18.0%）	730万人（20.6%）

注　（　）内は、高齢者数に対する割合
内閣府「日本における認知症の高齢者人口の将来推計に関する研究」（平成26年度厚生労働科学研究費補助金特別研究事業　九州大学二宮教授）より作成

要介護者の割合……80歳以上が増えている

	40～64歳	65～69歳	70～74歳	75～79歳	80～84歳	85～89歳	90歳以上
平成13年	5.3%	7.3%	10.4%	19.2%	22.0%	21.0%	14.9%
平成28年	4.1%	4.4%	7.7%	14.5%	24.8%	24.3%	20.5%

厚生労働省国民生活基礎調査　　平成28年
※女性は85～89歳（26.2%）・男性80～84歳（26.1%）が一番多い

2 介護に対する不安の内容
～経済的・心・人手不足

40～50歳代は親世代の介護が必要な場面に直面し始めることで、自分の介護に対する不安を抱く年代でしょう。

親などを介護する場合に「不安感あり」とした人の具体的な不安の内容をみると、「自分の肉体的・精神的負担」が67・3％と最も高く、「自分の時間が拘束される」57・6％、「自分の経済的負担」52・8％、「公的介護保険だけでは不十分」51・3％の順になっています。

一方、自分の介護に「不安感あり」とした人の具体的な不安の内容をみると、「家族の肉体的・精神的負担」67・9％が最も高く、「公的介護保険だけでは不十分」60・4％、「家族の経済的負担」57・9％、「介護サービスの費用がわからない」49・1％の順になっています。

長寿化で老々介護期間が長引くことが予想される中、**親を介護する立場になったとき、また自分が介護される立場になったとき、経済的、身体的・精神的、介護の人手不足等の不安**が伝わってきます。介護する立場になる前に不本意な介護離職にならないよう、**公的年金のしくみと雇用保険の介護休業給付等のしくみの知識武装**は必要です。

介護する立場または介護される立場になったときの不安の割合

将来の立場	不安感あり	不安感なし
親族等を介護する	81.2%	16.1%
自分が要介護状態	90.6%	7.4%

（出典：生命保険文化センター「生活保障に関する調査」平成28年度）

親などを介護する場合の不安の内容

生命保険文化センター「生活保障に関する調査」平成28年度

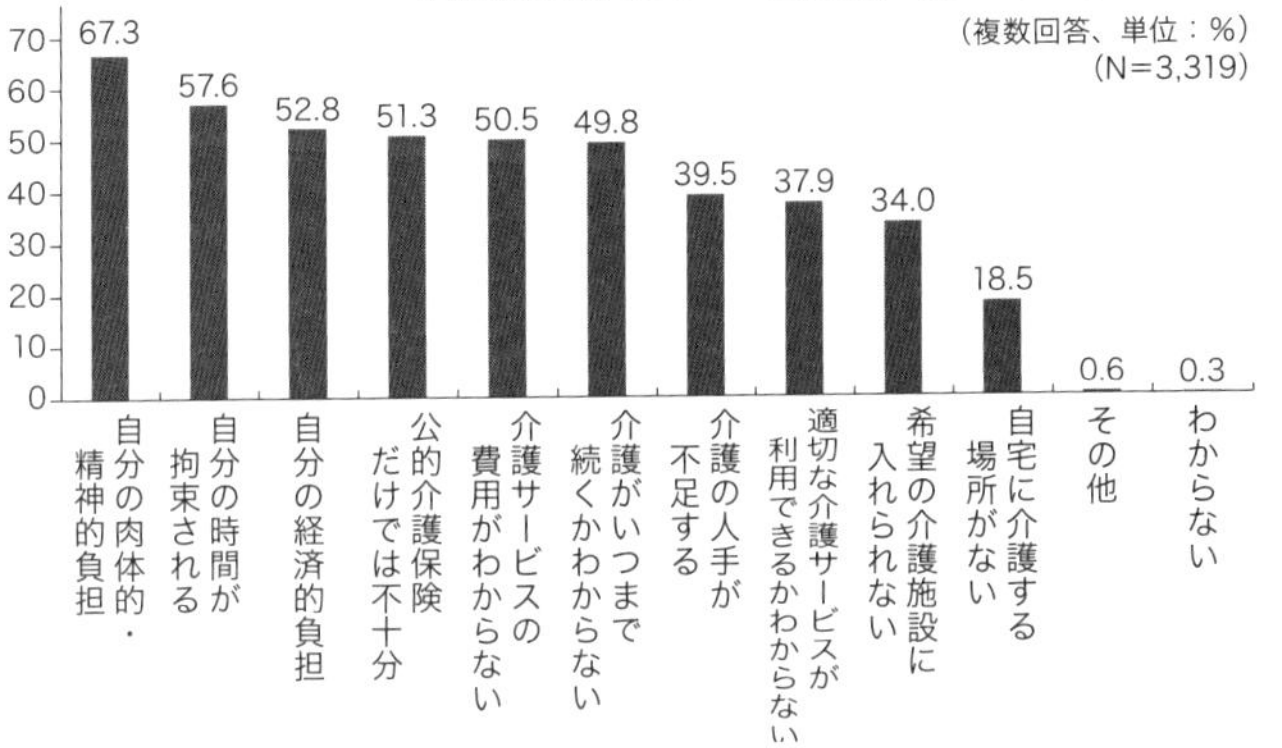

自分の介護に対する不安の内容

生命保険文化センター「生活保障に関する調査」平成28年度

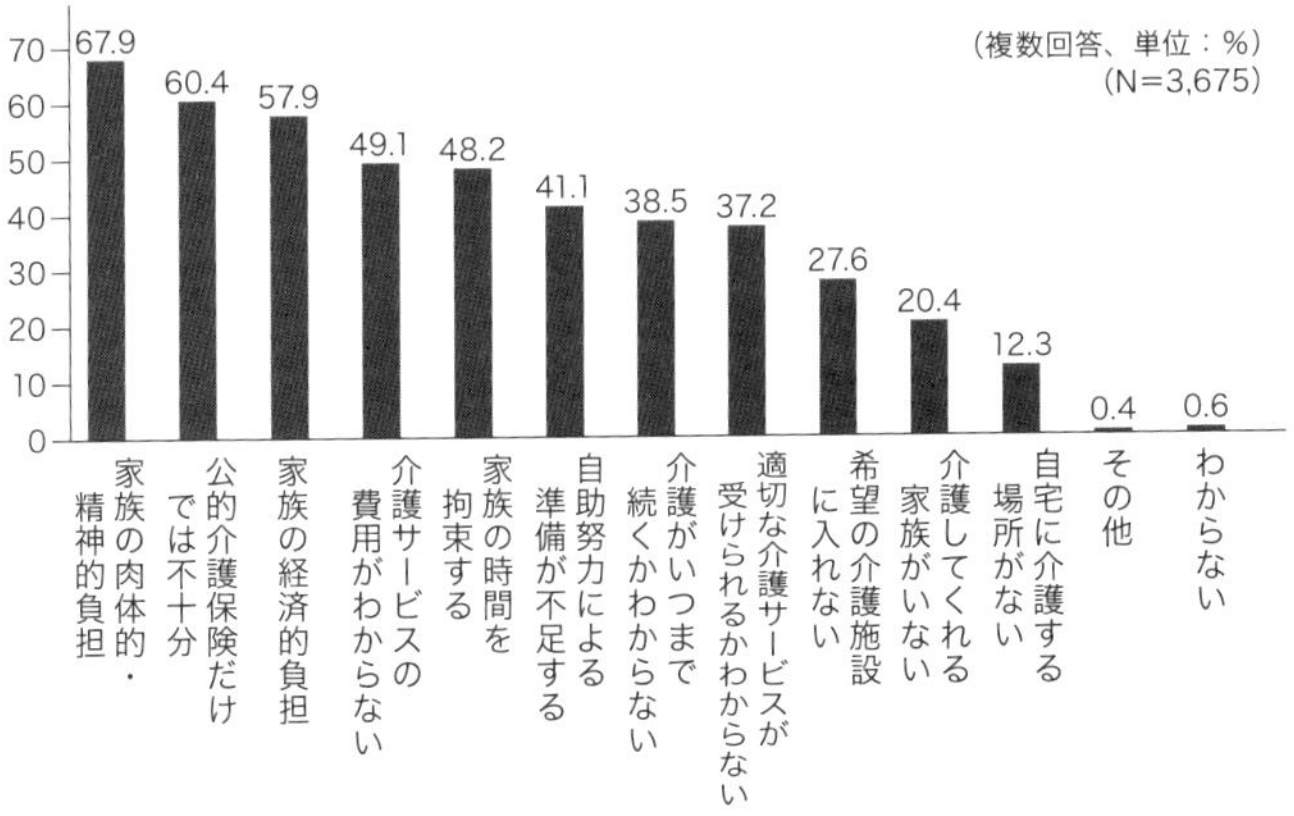

3 介護離職は慎重に

～厚生年金額は加入期間と報酬で決まる

年金の相談で痛ましいのが、40～50歳代の人が親の介護等で離職したケース。目の前の親の困窮にいたたまれずに、27年勤務した民間会社を退職、自宅で母と協力して5年間父親の介護をしたAさん（退職当時50歳）単身のケースでみてみましょう。

父親の死期が近いとわかったとき、母親から、受給する夫の遺族厚生年金は自分（母）が死亡すると子のAさんが引き継いで受給できるのか、と質問がありました。答えはもちろんノーです。55歳のAさんは年金でいう「子（※）」ではありません。Aさんは父親の死亡後、希望どおりの職種ではない職場に再就職しましたが、大幅に収入減。退職前に、いろいろな情報を調べず退職し、気がついたら自分の老後の年金額の少なさから老後不安が募ります。

厚生年金額は加入期間と報酬で決まるため、５年間の無職期間の就労収入減と、再就職後の報酬減は、資産額と老後の年金額に大きく響きます。かつ、それ以上に本意でない仕事を今後も続けざるを得ないAさんの精神的痛手は大変なものでしょう。27年働いて受け取った退職金

不安は老後だけではない、人生の満足度が違う

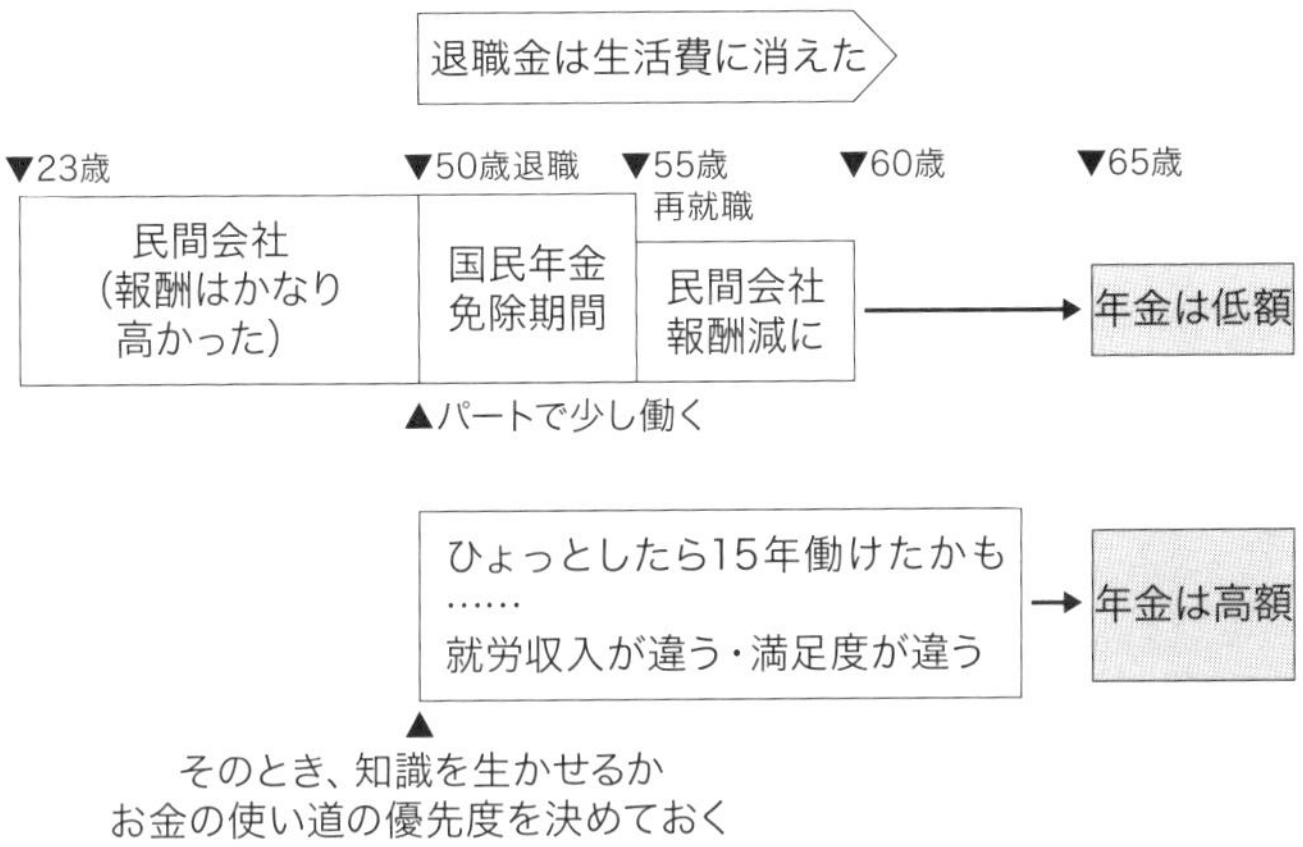

は、無収入または収入減のときの生活費にほぼ消えてしまうことも考慮しておきましょう。**事前に介護に必要な費用を調べ、家族で話し合い、父の年金収入等の範囲で介護サービスを受けて介護支出を賄えなかったのか、退職しなくても、親の介護に対応できる社内制度がないか、の知識を持っておくべきでした。**

※年金の「子」とは……18歳に達した年度末（３月31日）までの者（１級または２級の障害状態にある子は20歳未満）で婚姻していないこと。

4 仕事と介護の両立支援制度の見直し
～介護休業と介護休暇

介護が必要な家族を抱える人が介護サービス等を十分に受けられるよう、仕事と介護を可能にする制度の見直しが始まっています（介護休業給付等の改正。２０１７年1月施行）。

「介護休業」の対象となるのは、要介護状態にある対象家族を介護する男女労働者です。同一事業主に引き続き1年以上雇用されている有期雇用労働者も介護休業を取得できます。介護休業を取得するには原則、労働者から事業主に申出をすることが要件です。事業主は原則、要件を満たした労働者の介護休業の申出を拒むことはできません。

「介護休暇」とは、要介護状態にある家族の介護や世話のための休暇を取りやすくし、介護をしながら働き続けることを可能にするものです。日数の連続した介護休業の他に、1日もしくは半日単位の介護休暇を1年度において5日（対象家族が2人以上の場合は10日）取得できます。介護休暇は原則、労働者から事業主に申出をすることが要件です。

介護休業給付等の改正（2017年1月施行）

1	介護休業は、対象家族1人につき通算93日まで、3回を上限に、介護休業を分割して取得可能
2	介護休業等の対象家族は、配偶者、父母、子、配偶者の父母、祖父母、兄弟姉妹および孫
3	介護休業給付金の給付率67%に　（2016年8月実施）
4	介護休暇の半日（所定労働時間の2分の1）単位での取得が可能に
5	介護のための所定労働時間の短縮措置等について、介護休業と別に、利用開始から3年の間で2回以上の利用が可能に
6	介護のための所定労働時の制限（残業の免除）について、対象家族1人につき、介護終了まで利用できる「所定労働の制限」が新設

介護休業給付の額（休業開始日から1ヵ月ごとの期間の支給額）のイメージ

賃金がない場合

（介護休業開始前6ヵ月の賃金÷180日）×30日×67%

（賃金月額上限　492,300円　2017.8.1現在）

〈介護休業制度の内容〉

介護休業制度の規定がある事業所において「介護休業の期間の最長限度を定めている」とする事業所は96.0%、「期間の制限はなく、必要日数取得できる」とする事業所は4.0%となっています。
最長限度を定めている事業所での期間は、法定どおり通算して93日が86.3%（平成28年度。平成26年度は82.9%）と最も高くなっています。

最長介護休業期間別事業所割合

	期間の最長限度を定めている事業所　96.0%					
	通算して93日（法定どおり）	93日を超え6ヵ月未満	6ヵ月	6ヵ月を超え1年未満	1年	1年を超える期間
平成26年度	82.9%	0.8%	3.2%	0.5%	11.1%	1.5%
平成28年度	86.3%	0.8%	2.2%	0.7%	8.4%	1.7%

出典：平成28年度雇用均等基本調査の結果概要より抜粋

5 介護・看護のため離職した人約10万人
～約8割が女性

統計によれば、平成23年10月～24年9月に介護・看護のために離職した人は約10万人。そのうち女性が8割を占めています。50歳代の女性の離職者が最も多く、ちょうど親世代の介護と重なっていると想像できます。せっかくの人材、働く場所を失いたくないのは企業も私たちも同じでしょう。そろそろ仕事か介護かいずれかの選択肢でなく、仕事も介護も可能にする働き方が当たり前の時代にしたいものです。

既成概念に縛られず、社会資源を上手に利用することで両立を可能にできそうです。忙しいときなどは福祉の専門家に依頼するなど、お金で解決できることは利用しましょう。イザというときのためにお金はあるのです。親自身の介護に親が使えるお金、子が支援できるお金を確認し、その範囲で可能な介護を調整するとよいでしょう。子の未来のことも考えた視点を忘れずに、がポイントです。何より、介護される親は本当に子の離職を望んでいるのでしょうか。完璧な介護などありません。離職すると、関わる世界が狭くなり、今まで活動していた人ほどくったくなく会話できる人がいなくなり、孤独になりやすくなります。

介護・看護を理由とする離職者数
（男女、年齢階級別、平成23年10月～平成24年9月）

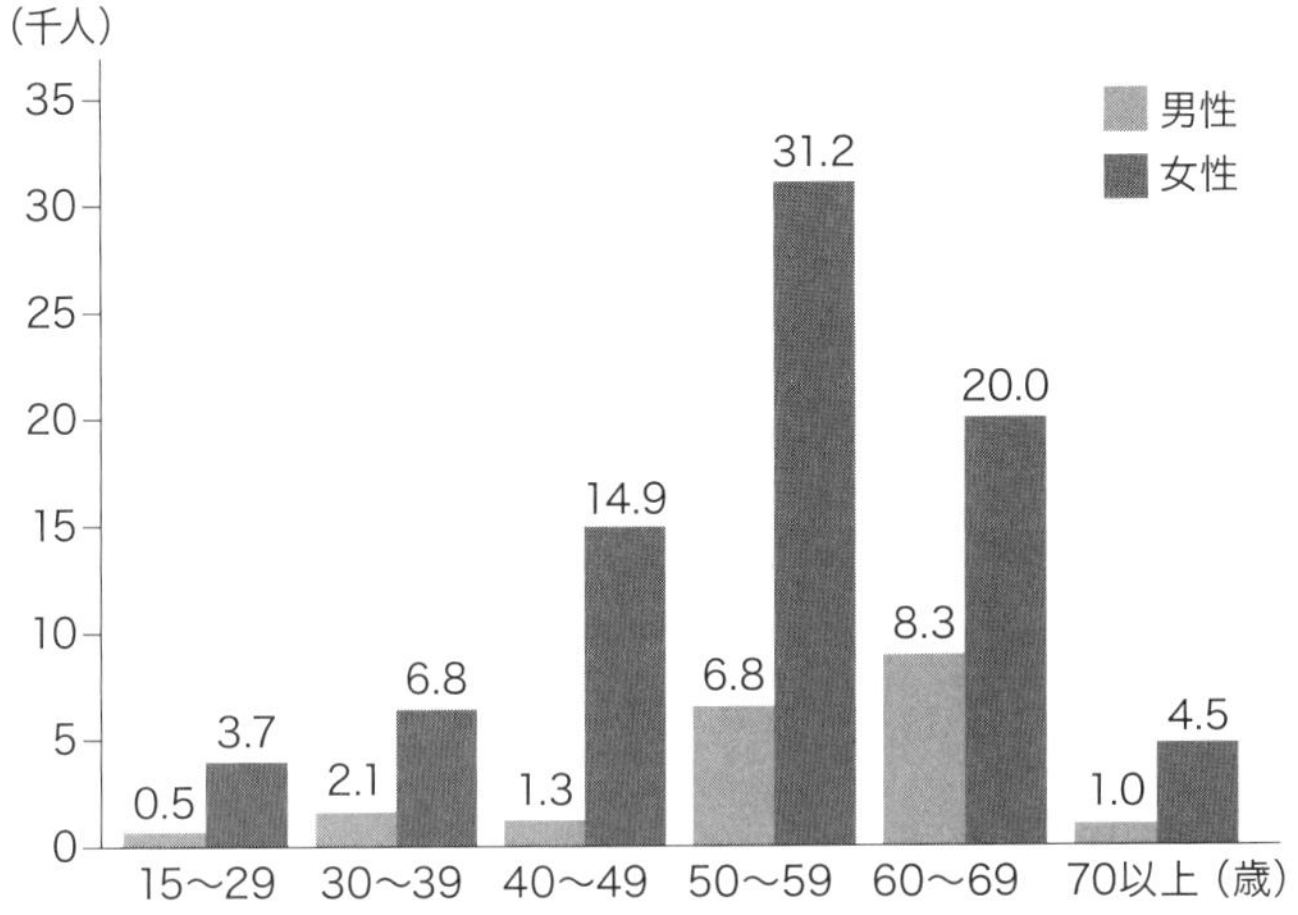

総務省統計局「2017就業構造基本調査結果」より

提案

親にエンディングノート（薄いものがいい）をプレゼントし、さりげない会話をしながら少しずつその場で記入してもらってもよいでしょう。「書きやすいところから自由に記入」がポイントです。

家庭と職場の両方に居場所があれば、悩んだときどちらかに逃げ場ができます。介護を自分のこととして考え、「心」と「お金」と「知識」の備えは気づいた今から始めましょう。

6 過去3年間に介護経験がある人の統計

～介護期間の平均は4年11ヵ月、介護費用は月7・9万円

生命保険文化センターが過去3年間に在宅または施設等で介護経験のある人に調査した統計によると、介護期間の平均は4年11ヵ月、4年以上介護した人は4割以上います。介護費用の平均は月7・9万円、介護に要した費用（公的介護保険サービスの自己負担費用含む）の平均は、住宅改修や介護用ベッドの購入等の一時費用の合計として平均80万円となっています。

介護は子育てと異なり、何年続くかわからないのが一番の不安要因です。自宅での介護は、一般的に介護する人がいてこそ可能です。さらに、介護する人がいても、自宅を本拠地にしつつ、ショートステイやデイサービスを上手に利用しながら暮らせる人ばかりではありません。「デイサービスではたばこが吸えないから」と夫は外出を嫌い、高齢の妻は自宅で10年以上介護しましたが、結局妻も倒れてしまった、という例もあります。長期になりがちな介護だからこそ、介護する人も無理をせず、生活の一部を自分の楽しみの空間にできるとベストですね。

過去3年間に介護経験がある人の介護期間、介護費用等

介護期間……平均4年11ヵ月

6月未満	6月～1年未満	1～2年未満	2～3年未満	3～4年未満	4～10年未満	10年以上	不明	平均
5.8%	6.2%	11.6%	14.2%	14.5%	29.9%	15.9%	1.9%	4年11ヵ月

介護費用（一時的費用の合計）……平均80万円

なし	15万円未満	15～25万円未満	25～50万円未満	50～100万円未満	100～150万円未満	150～200万円未満	200万円以上	不明	平均
17.3%	13.9%	8.3%	7.7%	9.0%	7.9%	1.9%	7.1%	26.8%	80万円

介護費用（月額）……平均7.9万円

なし	1万円未満	1～2.5万円未満	2.5～5万円未満	5～7.5万円未満	7.5～10万円未満	10～12.5万円未満	12.5～15万円未満	15万円以上	不明	平均
5.2%	4.9%	15.1%	10.2%	13.8%	7.1%	9.8%	3.4%	16.4%	14.1%	7.9万円

生命保険文化センター「生命保険に関する全国実態調査」2015年

どんな状況になっても、「介護され上手」「介護上手」になれたらいいなと思うこの頃です。

7 介護サービスを利用するために

～申請して要介護認定を受ける

高齢者の質問で多いのが、「どこで手続きをしたらいいの?」です。介護も例外ではありません。判断能力の衰えや身体能力の低下で、若いころに比べ身軽に行動できないからです。

介護保険のサービスを受けるには「申請」が必要で、「要介護認定」を受けます。手続きの流れは次のとおりです。

①市区町村役場の介護保険担当の窓口で「申請」します。自分や家族が申請できない場合は、地域包括支援センター・介護保険施設・居宅介護支援事業者による申請の代行も可能です。

②申請により、市区町村の職員等が自宅等を訪問し介護が必要か等の聞き取り調査（認定調査）をします。また、主治医から意見書の提出を受けます。

③認定調査の結果や主治医意見書をもとに介護が必要かどうかの審査・判定が行われます。

④判定結果により、介護が必要な度合いが通知されます。

⑤サービスを利用するための計画（ケアプラン）をケアマネジャーなどと作成します。作成料は無料です。なお、ケアプランは自分で作成することも可能です。

介護サービス利用までの流れ

① 申請
↓
② 認定調査
＋
主治医意見書
↓
③ 審査・判定
↓
④ 認定・通知 ➡ 要介護状態区分※

要介護状態区分※	
要介護1〜5	→介護サービス
要支援1〜2	→介護予防サービス
非該当	→地域支援事業

↓
⑤ ケアプラン作成
↓
⑥ 介護サービス利用

※認定の有効期間は原則6ヵ月、更新は原則12ヵ月。有効期間中に状況が変わった場合、いつでも変更の申請可能

ケアプランとは、どの介護サービスをいつ、どれだけ利用するかを決める計画のことです。介護保険のサービスを利用するときは、介護や支援の必要性に応じて作成したケアプランに基づき、介護サービス事業所と契約を結び、サービスを利用します。

・〈要介護1〜5と認定〉在宅のサービスを利用する場合➡居宅介護支援事業者（介護支援専門員）がケアプランを作成します。施設のサービスを利用する場合➡施設の介護支援専門員がケアプランを作成します。

・〈要支援1〜2と認定〉ケアプランは、地域包括支援センター（住所地の市区町村が窓口）に作成を依頼できます。

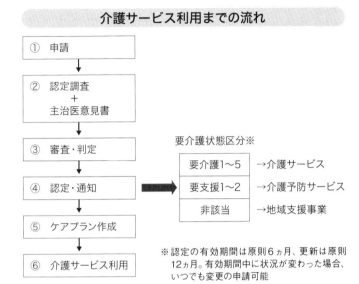

8 気になる介護保険の改正による負担増
～介護サービスを利用したときの負担割合と高額介護サービス費

介護保険制度は２０１２年に成立しましたが、２０２５年に団塊世代が75歳以上となり、介護と医療のお世話になる人の増加が見込まれ、制度の持続可能を確保する目的のもと改正が軒並み続きます。気になる介護サービスを受けたときの負担割合についてみてみましょう。

・所得が高い65歳以上の負担割合が３割に（２０１８年８月～）

介護保険サービスの自己負担割合は原則１割（残り９割は介護保険から給付）でしたが、２０１４年より一定の所得がある人は２割になり、２０１８年８月からは２割負担者のうち特に所得の高い層の負担割合が３割になります。ただし、月額４万４４００円という負担額の上限があります。３割負担となる人は、全体の約３％にあたる約12万人です。

世帯内で同じ月に介護サービスの利用額が一定の上限を超えたときは、申請により「高額介護サービス費」が後から支給されます。なお、40歳以上65歳未満の人は、一律１割負担です。

今後は応能負担〜65歳以上の人の負担割合の決め方
→高所得者ほどマネープランが求められる時代に

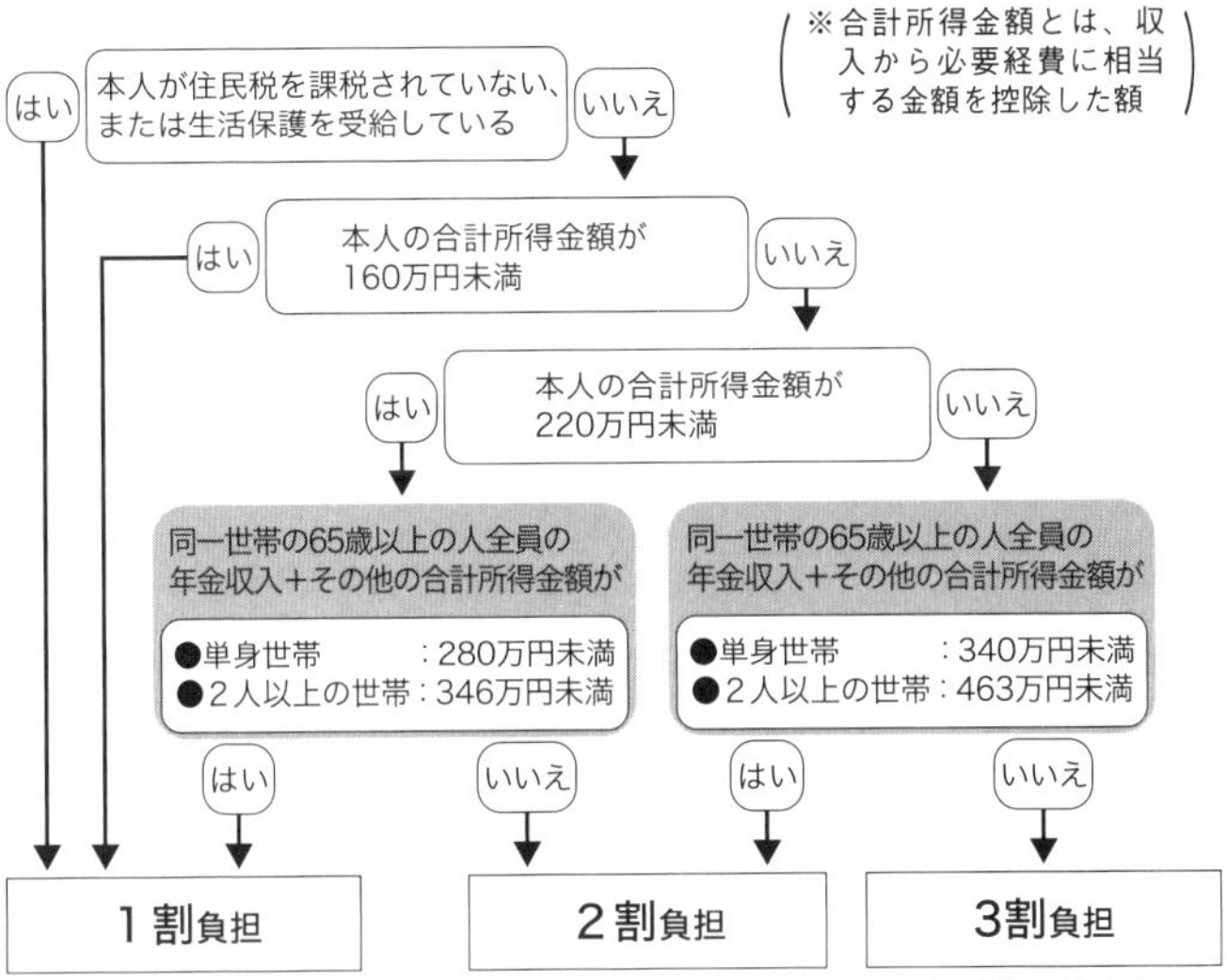

2018年８月から

高額介護サービス費

区分		世帯の上限額	個人の上限額
世帯の誰かが住民税課税	現役並み所得者※1	44,400円	44,400円
	一般※2	44,400円	44,400円
世帯の全員が住民税非課税		24,600円	24,600円
	・老齢福祉年金受給者 ・合計所得金額と課税年金収入額の合計が80万円以下の人	24,600円	15,000円
生活保護受給者		−	15,000円

※１　同一世帯に住民税課税所得145万円以上の第１号被保険者がいる人。ただし収入が単身383万円未満、２人以上520万円未満の場合は、申請により一般の限度額が適用されます。

※２　一般区分のうち、１割負担者のみの世帯については、年間上限額が44万6,400円となります。

9 介護保険制度の基礎

～40歳以上が加入

介護保険制度は市区町村が運営し、40歳以上の人が加入者（被保険者）として保険料を納め、介護を必要とする人がサービスを利用できる制度です。被保険者は、年齢で二つの区分に分けられ、65歳以上の**第1号被保険者**は、介護が必要と認定されたときサービスを受けられます。40歳～64歳の医療保険に加入している**第2号被保険者**は、老化が原因とされる病気（特定疾病※）で介護が必要と認定されたとき介護サービスを受けられます。

介護保険加入の手続きは、第1号被保険者については市区町村ごとに、第2号被保険者については医療保険ごとにするので、個別の手続きは不要です。

介護保険施設等に入所して、住所を施設のある市区町村に変更した場合、原則、住所変更前の市区町村の被保険者になります。

サービスの利用方法は、日常生活に必要な介護保険サービスを選び、各事業者と契約を結んで利用します。要介護状態区分は、重度により要介護1～5、要支援1～2の7区分に分かれています。

介護保険の加入者

被保険者	年齢	介護サービスを利用できる人	保険料
第１号被保険者	65歳以上	介護や支援が必要であると認定された人（原因は関係ない）	市区町村が算定し徴収
第２号被保険者	40～64歳	特定疾病（※）により介護が必要と認定された人	加入する医療保険が徴収

※特定疾病……①がん（がん末期）
②関節リウマチ
③筋萎縮性側索硬化症
④後縦靱帯骨化症
⑤骨折を伴う骨粗鬆症
⑥初老期における認知症
⑦進行性核上性麻痺、大脳皮質基底核変性症、パーキンソン病（パーキンソン病関連疾患）
⑧脊髄小脳変性症
⑨脊柱管狭窄症
⑩早老症（ウェルナー症候群）
⑪多系統萎縮症
⑫糖尿病性神経障害、糖尿病性腎症、糖尿病性網膜症
⑬脳血管疾患
⑭閉塞性動脈硬化症
⑮慢性閉塞性肺疾患
⑯両側の膝関節または股関節に著しい変形を伴う変形性関節症

介護保険の適用除外者

・日本国内に住所がない人　（海外居住者）
・在留資格または在留見込み期間３ヵ月以下の短期滞在の外国人
・身体障害者療護施設など、適用除外施設に入所・入院している人

⑩ 第2号被保険者（40～64歳）の介護保険料

介護保険は、公費（国や自治体の負担金）と40歳以上の人が納める保険料を財源に運営しています。財源の半分は、国・都道府県、市区町村が負担、残りの半分を介護保険の加入者が負担しています。

40歳～64歳の人（第2号被保険者）の介護保険料は、加入する医療保険で異なります。

国民健康保険に加入している人の介護保険料は、所得・資産などに応じ世帯ごとに決まり、医療分と合わせて世帯主が納めます。国民健康保険には扶養の概念がないので、収入がない配偶者も1人として負担（均等割）があります。市区町村で内容が異なります。

企業などで働く人の介護保険料は、給料（標準報酬月額）および賞与（標準賞与額）に応じて決まり、医療分と合わせて給与等から天引きされます。40～64歳の被扶養者は、個別に介護保険料分を納める必要はありません。

なお、全国健康保険協会管掌健康保険（以下「協会けんぽ」）の保険料は事業主が半分負担、健康保険組合の保険料率等は規約で決定するため、保険料は各組合で異なります。

介護保険の財源　（平成30年度）

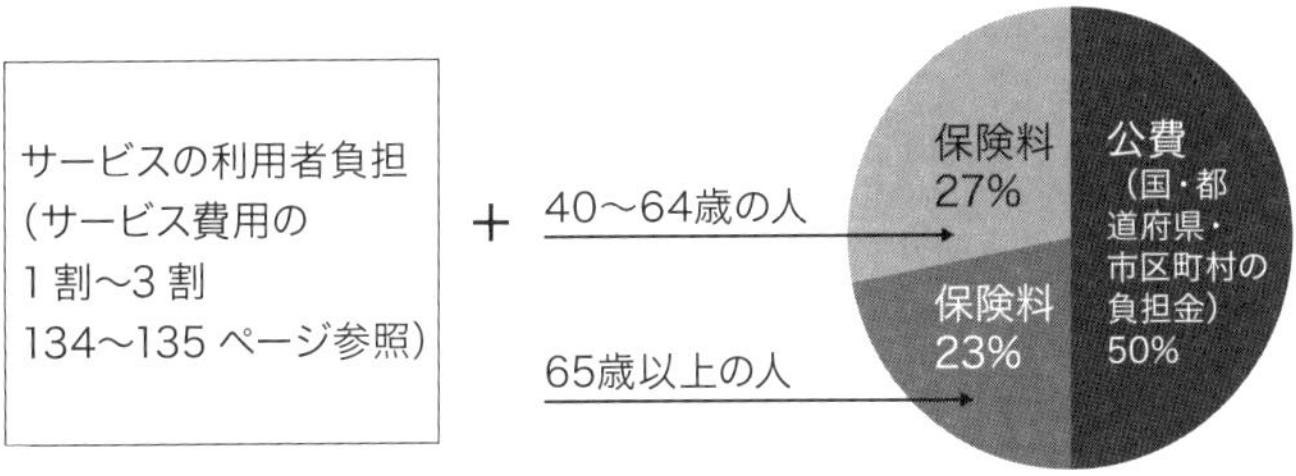

第2号被保険者の介護保険料

	国民健康保険の加入者	企業など職場の医療保険の加入者
保険料の決め方	所得・資産などにより世帯ごとに決定	標準報酬月額（賞与含む）×介護保険料率（協会けんぽは1.57%を事業主と折半・健康保険組合は規約で決定）
保険料の納め方	世帯主が納める	給与（賞与）から天引き

医療保険とは？

我が国の医療保険制度は、健康保険と国民健康保険の2つに分かれています。健康保険は、サラリーマン等を対象とする職域保険、国民健康保険は、個人事業主等を対象とする地域保険です。そして、原則75歳以上になると後期高齢者医療保険制度に加入します。

- 医療保険
  - 健康保険（職域保険）
    - 全国健康保険協会（協会けんぽ）
    - 健康保険組合
    - 共済組合・船員保険
  - 国民健康保険（地域保健）
    - 市区町村国民健康保険（健康保険加入者を除く、個人事業主、自由業者、農林漁業者等とその家族等、その市区町村に住所がある人）
    - 国民健康保険組合（一定の要件を満たした公法人で、医師、歯科医師、薬剤師、建設業等などの組合）
  - 後期高齢者医療制度（原則、75歳以上加入）

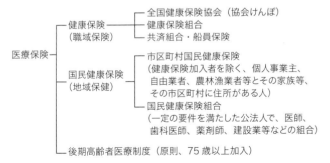

11 第1号被保険者（65歳以上）の介護保険料

65歳以上の人（第1号被保険者）の介護保険料は、所得で決まります。毎年6月初め頃に決まる住民税の課税状況等を基に、各市区町村で必要な介護サービス費用を賄うための基準額を算出し所得段階別の保険料が決まります。保険料段階区分は3年ごとに見直され、現在は第7期（平成30～32年度）に該当します。基準額は市区町村ごとの介護サービス総費用のうち65歳以上の人の負担分と65歳以上の人数等で異なります。

年金受給額が年18万円以上の人は、原則として年金から特別徴収（天引き）により介護保険料を納付します。よくある質問が、「介護保険料の額が途中で変わるのはなぜ？」ですが、これは、原則4月・6月・8月の年金から前年度の2月と同額の介護保険料を納め、年額保険料から仮徴収分を差し引いた額を3回に分けた分を10月・12月・2月の年金から天引きされるためです。ただし、年度の途中で65歳になったときや転入、転出したとき等は、普通徴収（納付書または口座振替による納付）により納めます。年金が年18万円未満の人は、納付書または口座振替により納付します。

都内F市の保険料段階区分・第７期〔平成30～32(2020)年度〕

※金額と区分等は地域で異なる

所得段階	対象者	保険料率	年額
第１段階（軽減後）	生活保護受給者および世帯全員が市民税非課税で老齢福祉年金（※１）受給者、または世帯全員が市民税非課税で、前年の合計所得金額（※２）と課税年金収入金額（※３）の合計額が80万円以下の人	基準額×0.40	27,400円
第２段階	世帯全員が市民税非課税で、前年の合計所得金額と課税年金収入金額の合計額が80万円を超えて120万円以下の人	基準額×0.60	41,100円
第３段階	世帯全員が市民税非課税で、第１段階、または第２段階に該当しない人	基準額×0.70	48,000円
第４段階	世帯に市民税課税の人がいるが、本人は市民税非課税で、前年の合計所得金額と課税年金収入金額の合計額が80万円以下の人	基準額×0.80	54,800円
第５段階	世帯に市民税課税の人がいるが、本人は市民税非課税で、第４段階に該当しない人	基準額	68,500円
第６段階	前年の合計所得金額が120万円未満の市民税課税の人	基準額×1.10	75,400円
第７段階	前年の合計所得金額が120万円以上200万円未満の市民税課税の人	基準額×1.25	85,700円
第８段階	前年の合計所得金額が200万円以上300万円未満の市民税課税の人	基準額×1.50	102,800円
第９段階	前年の合計所得金額が300万円以上400万円未満の市民税課税の人	基準額×1.70	116,500円
第10段階	前年の合計所得金額が400万円以上600万円未満の市民税課税の人	基準額×1.90	130,300円
第11段階	前年の合計所得金額が600万円以上800万円未満の市民税課税の人	基準額×2.00	137,100円
第12段階	前年の合計所得金額が800万円以上1,000万円未満の市民税課税の人	基準額×2.20	150,800円
第13段階	前年の合計所得金額が1,000万円以上1,500万円未満の市民税課税の人	基準額×2.50	171,400円
第14段階	前年の合計所得金額が1,500万円以上2,000万円未満の市民税課税の人	基準額×2.60	178,300円
第15段階	前年の合計所得金額が2,000万円以上3,000万円未満の市民税課税の人	基準額×2.90	198,800円
第16段階	前年の合計所得金額が3,000万円以上の市民税課税の人	基準額×3.00	205,700円

※１　老齢福祉年金：明治44年４月１日以前に生まれた人などで、一定の所得がない人や、他の年金を受給できない人に支給される年金です。

※２　合計所得金額：「収入」から「必要経費など」を控除した額です。平成30年４月１日以降は、さらに「長期譲渡所得および短期譲渡所得に係る特別控除額」と「年金収入に係る所得額」（第１～５段階のみ）を控除した額を介護保険料の算定に用います。

※３　課税年金収入金額：国民年金・厚生年金・共済年金等課税対象となる種類の年金収入額のことです。なお、障害年金・遺族年金、老齢福祉年金等は含まれません。

⑫ リタイア後どこに住むかで異なる、第1号被保険者の介護保険料

3年ごとに見直される第1号被保険者の介護保険料の基準額の全国平均は年々増加しており、介護保険制度がスタートした第1期で1月あたり2911円だったのが、第7期には5869円と2倍になりました。高齢化に歯止めがかからず、2025年度には約7200円、2040年度は約9200円になると推定されています。2018年度は3年ごとの見直しの年です。

保険料は基準額を基に所得に応じて決定されます。65歳以上も働く人が増えている現在、高所得の高齢者の負担も増えます。高所得者こそ、収入と支出額を意識した手取り額の把握が必須。高齢期の社会保険の支出額は侮れない時代になりました。

ただし、基準額は、高齢化率等や65歳以上に占める75歳以上の人の割合、要介護認定率、受けられる基本的サービスの内容などにより地域で異なります。

例えば、第7期の基準額の全国平均は5869円ですが、高額保険者の福島県葛尾村は

第１号被保険者の介護保険料（全国平均）第７期5,869円（月）と今後予想される推定額

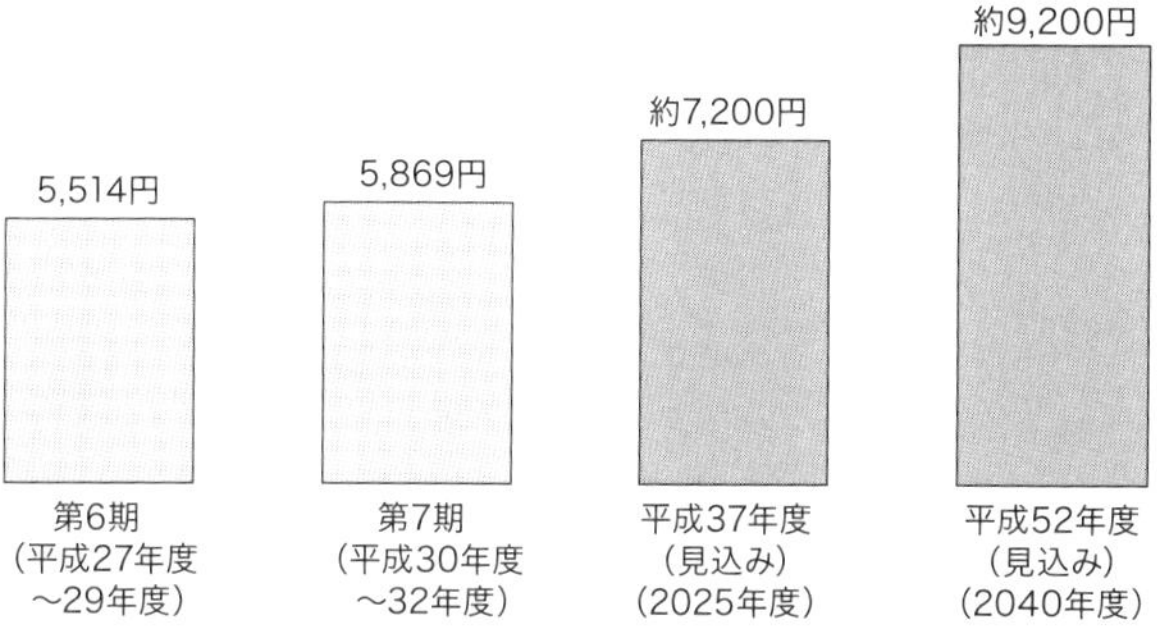

厚生労働省（経済財政諮問会議）より　＜中長期的な推計＞

介護保険料基準額～低額保険者と高額保険者の比較 第７期（平成30～32年度）

低額保険者		高額保険者	
北海道音威子府村	3,000円	福島県葛尾村	9,800円
群馬県草津町	3,300円	福島県双葉町	8,976円
東京都小笠原村	3,374円	東京都青ヶ島村	8,700円

９８００円、低額保険者の北海道音威子府村は３０００円、その差は６８００円と驚きの大きさです。まさに、高齢期にどこに住むかで負担内容と心地良さも異なるという訳です。

　とはいえ、介護人材の確保やサービスの質も関係するのが介護、保険料の安さだけでは判断できないのも現実です。

13 サービスにかかる費用
～原則1～2割の負担

介護サービスを利用した場合、原則1～2割（2018年8月から一定の所得以上の人は3割）を負担し、9～8割が介護保険から給付されます。利用者増で介護財政が厳しいこともあり、高所得者の負担は増えます。

在宅サービス・介護予防サービスは要介護度ごとに、利用できる限度額が約5～36万円と決まっています（次ページの表参照）。限度額を超えた分は自己負担になります。

あわせて、施設に通い・宿泊で利用するサービスや、施設に入居した場合のサービスは、食費および居住費なども自己負担です。利用者の負担額は施設との契約で決まり、居室の種類や施設で異なります。

世帯で住民税が課税されている人がいる場合、ユニット型個室は1日1970円、ユニット型準個室は1640円、他床室370円、食費は1380円です。

所得の低い人は、利用者の負担段階により食費および居住費が軽減（171ページ参照）されます。

利用者の負担段階

負担段階	対象となる人
第１段階	生活保護受給者または老齢福祉年金※を受給している人
第２段階	合計所得金額と年金収入額（非課税年金含む）の合計が80万円以下の人
第３段階	上記の段階に該当しない人

※老齢福祉年金：明治44年４月１日以前に生まれた人などで、一定要件のもと支給される年金です。

負担限度額（一日あたり）

種別		第１段階	第２段階	第３段階	平均的な費用※
ユニット型個室		820円	820円	1,310円	1,970円
ユニット型準個室		490円	490円	1,310円	1,640円
従来型個室	特養等	320円	420円	820円	1,150円
	老健等	490円	490円	1,310円	1,640円
多床室	特養等	0円	370円	370円	840円
	老健等	0円	370円	370円	370円
食費		300円	390円	650円	1,380円

※平均的な費用：厚生労働大臣が定める、全額自己負担した場合の平均的な負担額です。実際にかかる費用は施設との契約により異なることがあります。

（注）「ユニット型個室」「多床室」「特養」「老健」などについては第８章参照

居宅サービスにおける介護サービスの支給限度額（2018年４月）

要介護状態区分	支給限度額（月）
要支援　1	5,003単位（※）
要支援　2	10,473単位
要介護　1	16,692単位
要介護　2	19,616単位
要介護　3	26,931単位
要介護　4	30,806単位
要介護　5	36,065単位

※１単位10円が基準額。実際の単価は、10円に各地域区分およびサービスの種類に応じた調整割合を乗じて算出

在宅サービスを利用した場合の負担の内容

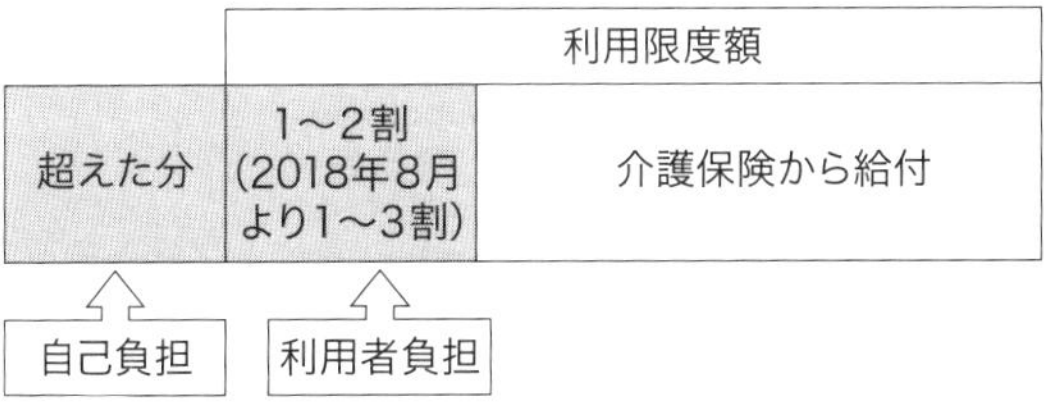

14 介護サービスで困ったときは、早めに相談を

サービスに対する不満や苦情は、早めにサービス提供事業所に相談しましょう。それでも解決しないときは、ケアマネジャー、市区町村の担当窓口、地域包括支援センター等へ相談してください。市区町村での解決が難しいときは、都道府県の国民健康保険団体連合会に相談できます。ただし、お金に関する苦情は、支払った後では解決されないこともあるので、払う前に相談しましょう。

ケアマネジャーとの関係は重要です。そのケアマネジャーは、利用者の話を親身に聞き、ことが起きたとき適切に動いてくれますか。

介護サービスで利用できることと、利用できないことの区別は知っておきましょう。利用できないものは自費で対応します。事業者などの情報は、地域で発行している広報や介護保険ガイドなどに掲載されています。元気なときから情報収集をしておくとよいでしょう。

事業者と契約するとき、利用者と事業者の間の契約となっているか、利用料に交通費を含む

事業者との契約時の確認ポイント（利用者・家族などの立会いが望ましい）

- 契約の目的となるサービスが明記されているか
- 利用者と事業者間の契約になっているか
- 都道府県や市区町村から指定された事業者か
- 利用者の状況にあったサービス内容や回数か
- 契約期間は要介護認定の有効期間と合っているか
- 利用料や交通費の要否などの記載の有無、介護保険法による金額になっているか
- 利用者からの解約が認められる場合、手続きの流れが明記されており、一定の予告期間をもって解約が可能か
- 利用者が損害を受けた場合の損害賠償義務の明記があるか
- 使用者・家族の秘密が守られるようになっているか　　等

介護サービスで利用できることと、利用できないこと

訪問介護（ホームヘルプサービス）でできないこと	訪問介護で使えないもの（同居の家族ありの場合）
①本人や家族ができることの介助・援助 ②本人に対する介助・援助なので、買い物や調理、洗濯は本人のみ対象 ③日常的に行われる家事の範囲を超えている大掃除、ワックスがけ、窓ふき、草むしり、ペットの世話等	①本人の身体介護はできるが、生活援助（日常生活の援助）の利用は、同居の家族等が障害・病気その他やむを得ない事情により家事をするのが困難な場合に限る。かつ、本人に対する援助のみで、家族の分の食事の準備や共用部分の掃除はできない

のか、利用者から解約ができるのか、解約ができる場合の手続きの手順なども確認しましょう。契約書はよく読み、疑問なところは説明を受けて確認しましょう。

15 介護が必要になったときのこと、家族と話し合っていますか？

～自分のこととして向き合うことから始めよう

親または自分に介護が必要になるなんてまだ先のことと思っていませんか？とは言いつつ、高齢期を迎えればそのときが訪れる確率は高いのです。介護への不安が頭をよぎったら、自分の場合、どう親に対応したいのか、対応できるのか、自分は誰にどこでどんな介護を受けたいのかなどを具体的に考えてみるといいでしょう。

いろいろ整理していくと、本当にできることとできないこともわかってきます。ひょっとしたらできないことだらけかも知れません。しかし、お互い家族と話し合うことで、できる範囲で納得して行動に移せ、後で後悔することも少なくなります。

介護に関する話題は暗いからと避けがちになるのが人情です。だからこそ、親も子も元気でお互い笑って話し合えるときに、さりげなく介護の話題を提案してほしいのです。あわせて介護にかかる費用のことも話題にできたらベストです。親子だからこそ、思惑で物事を進めない方がいいこともありそうです。

家族で話し合っておきたいこと

①　親の希望を聞くが、子の思いと希望も伝える。
- 誰に、どこで、どの程度まで介護してほしいのか？
- 子どもたちでできることも伝えたうえで、お互いの思いを調整する
- 周囲の意見に惑わされぬよう、介護に関して決定するリーダーを決める

②　介護に必要なおよその金額と親の準備金を確認し、不足なら子どもたちが援助できる範囲の金額を決める

③　介護保険の情報を早めに集め、親が要介護になる前に介護を予防するための活動などに着手する必要性を知らせる

④　介護が必要になったとき安易に介護離職をしないために、介護休業給付（雇用保険）の知識武装をする

⑤　意見を押しつけず、話し合いで決める。介護に関してお金のことはタブーではないと知る

コラム

母の介護で学んだ「想いをカタチに！」

～想いを伝えると共にコスト感覚を持とう

私が成年後見制度に興味を持ったのは母の介護体験と死でした。母はガンの再発で明日入院という夜、銀行の通帳と印鑑を私に示し次の三つを私に伝えました。

①　入院費はこの通帳から払ってほしい（当時は可能でした）
②　万が一の場合の延命治療は不要
③　最期は自宅で迎えたい

入院先の医師の告知を受けたあと、ガンが骨に転移し硬直した体で担架に寝た母は、夫が運転する大型レンタカーで自宅に戻りました。1階の居間に寝た母は2週間後に亡くなりました。私に感謝の言葉を残して。私は「最期まで自分らしく生きる」意味を初めて理解しました。母は、折に触れ娘の私にこだわりの人生感を話してくれました。

だからこそ、私たち夫婦は迷わず母の希望を実行できました。お互い元気なうちに周りに自分の意思を伝える必要性を母の介護から学びました。

振り返って母の生き方に感心するのは、病気で大変な時期に自分の入院費のことまで準備して娘に託したことです。子にお金と精神的な負担をかけたくなかったのでしょう。子育てと自宅で仕事をしながら片道2時間ほどの道のりを病院まで通う娘の大変さを知る母は、いつも私に感謝の言葉をかけてくれました。

何が大切かに気づくことから

２０００年に介護保険が始まると同時に、成年後見制度もスタートしました。それまでの介護サービスは行政が決めて提供していましたが、利用者が事業者と契約するしくみに変わりました。契約に際し、判断能力が不十分な人を支援するための制度が成年後見制度（第９章参照）です。

どちらの制度も私たちの暮らしに意義のあるものですが、事前の家族などでの話し合いや利用者の意思を伝える大切さに気づいて実行している人は稀です。お金は増やすだけでなく、自分のために有効に使えてこそ意味があります。自分のことは自分で決めるには、ある程度ゆとりのお金づくりも必要です。もちろんゆとり金額は人によりますが……。

16

エンディングノートを書いてみよう

～書き方は自由、書けるところから

「終活」という言葉のもと、エンディングノートを書いてみようという人が増えています。自分の想いなどを記録し、介護を受けるときや判断能力が不十分になったとき等に役立ててもらうためのノートです。最期まで自分らしく生きるための覚え書きです。

ただし、ノートを持っていても実際に記入している人は意外と少数です。私も、昨年亡くなった叔母（80代後半）の部屋から、以前叔母に送付した未記入のノートを見つけたときは複雑でした。

叔母は、几帳面で若い頃から欠かさず家計簿をずっと記入していた人だったからです。つまり、本人が記入する大切さに気づいているか、記入能力がそのときあるかも関係します。「今から即記入」がオススメの理由です。

自分の最期を人任せにしないために

エンディングノートに残せば、自分の希望がすべて叶うとは限りませんが、少なくとも「私

エンディングノートの記載例

〜残したいものはコピーして貼るなど、オリジナルなものを作るといいね！

・私を知ってもらうために （私の歴史　家族　好きなこと　趣味　思い出 治療歴等） ・介護が必要になったときの希望 ・医療（治療）が必要になったときの希望 ・救急車の手配についての考え方 ・延命治療についての考え方 ・成年後見制度の利用について （法定後見制度・任意後見制度について） ・遺言について　（作成済みなら保存先） ・お墓・葬儀についての希望　（どこに、またはどこで、どれくらいの規模、伝えたい人の連絡先等） ・連絡先　（親族・友人等・仕事関係先等） ・預貯金・金融商品、保険等財産の記録　（連絡先含む） ・手続き先　年金事務所（公的年金）、市役所（介護・医療保険等）、公証役場（自筆遺言の検認）、公共料金・NHK（名義書換等）、法務局（不動産）、金融機関（相続）等、税務署（相続税申告）等	写真

の想い」は伝わります。一度書いたものでも事情が変われば書き直しも可能。その都度記入日を記載しておくとよいでしょう。記入のポイントは、「伝えたいこと」と「伝えておかねばならないこと」との違いを知って記入することです。

そして、一番重要なこと、「ノートの存在」を託したい人に伝えておきましょう。

コラム

知っておきたい、アドバンス・ケア・プランニング(ACP)

～最期まで自分らしく生きるために

アドバンス・ケア・プランニング（以下「ACP」）ってご存じですか？　ACPとは、人生の最終段階の医療・療養について、意思に沿った医療・療養を受けるために、家族等や医療介護関係者等とあらかじめ話し合い、また繰り返し話し合い、話し合ったことを記録に残しておくことをいいます。患者本人が最期まで自分らしく生きるための支援が目的です。

しかし、残念なことに認知度は低く、国民の75・5％、医師の41・6％が知らないという調査結果が出ています（平成29年度「人生最終段階における医療に関する意識調査」厚生労働省）。

高齢期の最大の関心事は「介護」ですが、介護を受けている高齢者の多くは複数の医療の治療を受けており、終末期は「介護」と「医療」が密接に関係します。国は団塊の世代が75歳以上になる2025年に向けて様々な取り組みをしており、その一つが、終末期の医療・ケアに関する指針の改定（2018年3月14日通知、厚生労働省）です。

人生が長くなりましたが、過ぎてしまえばあっと言う間というのも私の実感。皆さんも、元気な今から思いつくまま、終末期の医療に関する希望等を書き出すことから始めてみませんか。

第8章

高齢期の住まいを考える

～高齢者向けの施設・住宅の内容

❶ 主な高齢者向け施設・住宅の内容を知っておこう

～介護施設とその他の施設

高齢期、体力や判断能力が不十分になった場合、高齢者向け施設・住宅への住み替えも選択肢の一つです。長寿化で、高齢期の暮らしの豊かさは終の棲み家次第ともいえ、様々な高齢者向けの施設・住宅の位置付けと内容の理解が今、求められています。また、関係する介護保険制度の理解も必須です。

高齢期の主な施設として、「介護施設」と「その他の施設」があります。

介護施設には、介護保険法が適用される「特別養護老人ホーム（特養）」、「老人保健施設（老健）」、「療養病床」の三つがあります。

その他の施設・住宅には、老人福祉法に基づく福祉施設の「養護老人ホーム」と「ケアハウス」、民間老人ホームには「介護付有料老人ホーム」、「住宅型有料老人ホーム」、「（認知症）グループホーム」、住宅には「サービス付き高齢者向け住宅」、「シニア住宅」、「シルバーハウジング」などがあります。管轄、特徴、入居条件・手続き・費用は施設で異なります。

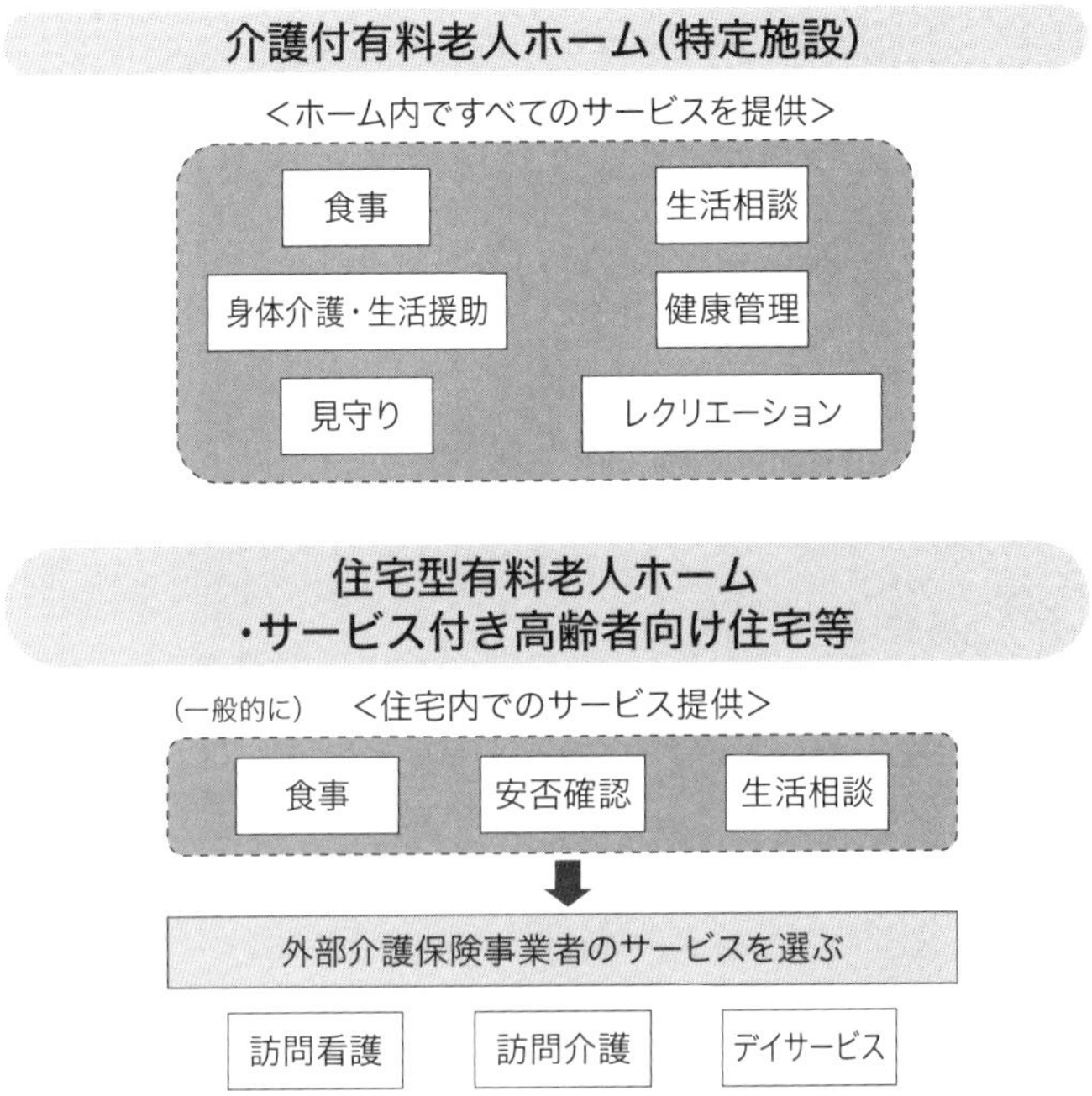

注意が必要なのは介護サービスの契約先です。「介護付有料老人ホーム」は、特定施設入居者生活介護（以下「特定施設」）に指定された在宅サービスにより介護サービスが提供（ホームとサービスが一体となっている）されています。「住宅型有料老人ホーム」と「サービス付き高齢者向け住宅（以下「サ高住」）」は、外部の介護保険事業者のサービスを利用（必要なサービスを選ぶ）するので、サービス内容の事前確認が必要です。なお、最近は一部、特定施設のサ高住もあります。

主な高齢者向け施設・住宅

●特別養護老人ホーム（特養）

内容	在宅介護が困難な寝たきり等の人が入居可
入居条件	原則65歳以上で要介護３以上
費用負担	介護保険の自己負担・住居費・食費・雑費等で月７万円（多床室）～、月15万円（個室）～

●老人保健施設（老健）

内容	リハビリ、介護を必要とする要介護者が一時的に利用する施設
入居条件	65歳以上で要介護１以上。差額ベッド代あり
費用負担	介護保険の自己負担・住居費・食費・雑費等で月８万円（多床室）～、月15万円（個室）～

●療養病床

内容	長期に療養を必要とする要介護者、医学的な管理のもと、介護や医療を行う
入居条件	差額ベッド代あり
費用負担	入院時の保証金15万円程度。介護保険の自己負担・住居費・食費・雑費等で月11万円（多床室）

●介護付有料老人ホーム

内容	介護保険の特定施設の指定を受けた有料老人ホーム
入居条件	60歳以上で自立および要介護
費用負担	入居一時金０～２億円（平均1,000万円）、介護一時金０～500万円、介護保険の自己負担、管理費・食費・生活雑費・介護費等で月18万円～

●住宅型有料老人ホーム

内容	食事等のサービスの付いた高齢者向け居住施設。介護が必要になったときは、訪問介護等の外部サービスを利用
入居条件	概ね60歳以上で自立および要介護
費用負担	入居一時金300～1,600万円。住居費・食費・管理費・生活費に月13万円～

●グループホーム

内容	原則として要支援２以上の認知症高齢者。５～９人を１ユニットとして構成（個室）
入居条件	原則、施設のある市区町村に住民票があること
費用負担	介護保険の自己負担含め月17万円～。入居一時金が必要な場合もあり

●サービス付き高齢者向け住宅（サ高住）

内容	安否確認・生活相談等のサービス提供。原則25㎡以上
入居条件	60歳以上で自立および要介護
費用負担	家賃・生活支援サービス費・共益費等で月９～13万円

（日本FP協会「パーソナルファイナンス」平成29年度参考）

・最近は、介護付き有料老人ホーム等は、入居一時金を抑えその分月管理費等を高く設定する傾向
・介護保険の自己負担（１～２割）は、２割負担者のうち所得の高い人は３割負担に（2018年８月より）

②特別養護老人ホームの月支払額の目安

～介護付有料老人ホーム等より安い費用

社会福祉法人や自治体等が運営する公的な介護施設である**特別養護老人ホーム**（以下「特養」）の費用は、負担能力に応じて本人と主たる扶養義務者（配偶者・子等）が負担します。初期費用がなく安価なので入所希望者が多く、原則、終身で利用でき、他の介護保険施設に比べ平均在所年数も約4年と長いため、待機期間が長期になりがちです。

サービスは食事、入浴、排せつなどの介護、掃除、洗濯など生活援助が中心で、胃ろう・気管切開への対応等、医学管理下におけるケアや重度の認知症などへの対応は限定的です。「多床室」と「ユニット型個室」等があります。一人で暮らす個室と仲間との交流ができる共同生活室を備えたユニット型への切替えが進められていますが、3割以上が多床室になっています。利用者の負担額は施設との契約により決まり、居室の種類などにより異なります。

所得が低い人の居住費（滞在費）・食費の負担額（日額）は、一定の限度額までとなり（本章⑦・171ページ参照）、標準的な金額より軽減されます。軽減の対象は、世帯全員が住民

多床室

ユニット型個室

※ 入居者一人ひとりの個性や生活リズムを尊重
※ リビングスペースなど、在宅に近い居住空間
※ なじみの人間関係（ユニットごとに職員を配置）

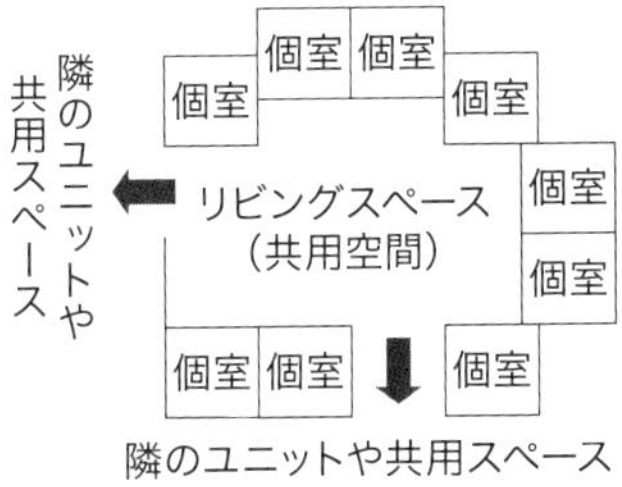

税非課税で、前年の所得内容で第1〜第3段階に利用者負担が分かれています。ただし、所得がない、または少なくても、一定以上の預貯金等がある場合（単身で1000万円以下、夫婦で2000万円以下。世帯分離している配偶者を含む。171ページ参照）は対象外です。

例えば、特養に入所のAさん（90歳・要介護3・単身・預貯金1000万円以下）の月の支出は、介護サービス1割負担、食費負担額、多床室負担額、日常生活費・事務代行手数料、薬代、個別のお菓子代など含めて約6万円です。しかし、利用者負担が2万6026円と一定額（Aさんの場合1万5000円。第7章⑧・135ページ参照）を超えているので、差額の1万1026円が高額介護サービス費として支給されます。つまり、特養に入所したAさんの実質負担は約5万円です（Aさんの月額負担額の計算は次項参照）。

❸ 介護施設の居住費・食費が軽減に

～年金収入があるBさんが老人保健施設に入所した場合

介護施設である**老人保健施設**（老健）の居住費、食費なども所得や預貯金額で負担額が変わります。例えば、Bさん（90歳・要介護1・単身・預貯金1000万円以下）の月の支出は、介護サービス1割負担、食費負担額、多床室負担額、日常生活費・事務代行手数料、薬代、個別のお菓子代など含めて約9万円です。しかし、利用者負担が3万2047円と一定額（Bさんの場合1万5000円。第7章⑧・135ページ参照）を超えているので、差額の1万7047円が高額介護サービス費として支給されます。つまり、老人保健施設に入所したBさんの実質負担は約7・3万円ほどです。

Bさんは、夫の遺族厚生年金（年約160万円）と自身の老齢基礎年金（年約60万円）を受給していますが、多床室なので滞在費が370円（日）、食費は650円（日）に減免されています。

世帯内で同じ月に利用したサービスにかかる利用者負担（月）が、一定の限度を超えたとき、申請すると「高額介護サービス費」が後から支給されます。ただし、福祉用具購入費の利

特養入所のＡさんの月額負担額、約６万円（都内Ｔ市）

介護サービス利用負担額・1割（要介護３）	食費負担額 390円×30日	多床室負担額 370円×30日	日常生活費・事務手数料・個別費等
26,026円	11,700円	11,100円	11,200円

－ マイナス　高額介護サービス費 約１万円　＝ イコール　実質負担額 約５万円

老人保健施設入所のＢさんの月額負担額、約９万円（都内Ｉ市）

介護サービス利用負担額・1割（要介護1）	食費負担額 650円×30日	多床室負担額 370円×30日	日常生活品費・洗濯・個人支出費等
32,047円※	19,500円	11,100円	27,400円

－ マイナス　高額介護サービス費 約1.7万円　＝ イコール　実質負担額 約7.3万円

※支給限度額に加算分を含めた額の１割で、施設ごとで異なる

用者負担額、支給限度額を超える利用者負担額、住宅改修費の利用者負担額、居住費（滞在費）・食費・日常生活費などは、高額介護サービス費の対象となりません。

4 高齢認知症の人が入居するグループホーム

～自宅での日常に近い暮らしを希望するなら

グループホームは、民間企業・個人、公益法人等により運営される地域密着型の施設なので、施設と同一地域内の住居と住民票があることが入居の要件です。主に軽度から中程度の認知症の人が入居しているので、施設によっては要介護度が高くなると退去せざるを得ないことも。事業者と契約します。

入居時は入居一時金（前払金や手数料が必要なところもあります）、入居後は介護サービス費に加え居住費・食費・その他の日常生活費等を払います。居住費は、一般的に都市部が高くなっています。

入居一時金の有無や金額は施設ごとに異なります。不動産の賃貸契約の敷金に相当するお金で、退去時に居室等の清掃・修繕に必要な経費などに充てた残金が戻ります。入居一時金は、施設利用権を得るためのお金で、施設ごとに償却期間と率が決まっています。名称だけで判断せず、必ず内容の確認をしておきましょう。

グループホームの介護サービスの内容は、スタッフによる見守り、食事・掃除・洗濯のサポ

グループホームと介護付有料老人ホームの主な違い

	グループホーム	介護付有料老人ホーム
入居者	認知症高齢者で自立して生活できる人 なので、寝たきりや看取り状態に対応不可	認知症で要介護度が高い人も入居可
入居一時金等	0～100万円位まで	0～2億円と差が大きい
毎月の金額	地域で異なるが月20万円前後が多い	20万円～上限はきりがない
入居条件等	原則65歳以上・要支援2以上 地域密着型施設	60歳以上で自立および要介護
サービス	医療ケアや重度の要介護者への対応が手厚くない施設もある	認知症高齢者で寝たきりの人や重度の要介護者にも対応可

ート、機能訓練等で、5～9人の1ユニット単位で穏やかな共同生活を過ごすことを目的とした施設です。施設により、職員と入居者で楽しむ食事作りやレクリエーション等が盛んなところもあります。

高齢者施設に共通して感じることは、入居者と親族の満足度は「施設長」で決まる（つまり運営母体の方針が関係する）ということ。特に、少人数のグループホームはその傾向にあり、空きがある場合、短期利用して雰囲気を味わっておくといいでしょう。

5 サービス付き高齢者向け住宅
～介護体制が十分でないところもある

サービス付き高齢者向け住宅（以下「サ高住」）は、安否確認・生活相談を提供する、原則25㎡以上（ただし、居間・食堂など共有部分が十分な場合は18㎡以上）のバリアフリーなど、一定以上の基準を満たした住宅です。60歳以上で自立および要介護の人が入居可能です。家賃・生活支援サービス費・共益費等で月9～13万円。その他、食費と本人生活費が必要で、介護状態になり医療が必要になった場合、介護サービス費・入院費などが必要です。合計するとかなりの出費です。また、付いているサービスの内容の確認チェックをシビアにすることが前提で、寝たきりになった場合等の介護体制の充実度も見極めておきましょう。入居時、身元保証人の源泉徴収票等を求められる住宅もあります。

国土交通省2017年2月調査で、2011～2015年度の5年間にサ高住が125ヵ所廃業と公表されました。廃業の理由は、募集しても入居者が集まらないこと。募集前に廃業は64ヵ所、入居後の廃業は61ヵ所。高齢者の懐具合と介護職員集めも大変なようです。高齢者施設選びは、入居の目的を明確にすることと資金計画を万全にすることがポイントです。

都内・駅徒歩2分と交通の便がよい高額なAサ高住へ入居に必要な費用のイメージ

	1人用	2人用
占有面積	27.81 ～ 34.1㎡	50.62 ～ 60.10㎡
月額総利用料	173,260 ～ 217,760円	292,060 ～ 338,060円
・室賃	104,500 ～ 149,900円	190,000 ～ 236,000円
・共益費	18,000円	27,000円
・生活サービス費（安否確認・生活相談）（税込）	44,280円	65,880円
・厨房管理費	6,480円	9,180円

・希望すれば昼・夜の食事も可能だが別途費用要。介護が必要になれば介護サービスの自己負担＋自身の日常生活費等要。入居時に審査あり・原則連帯保証人と身元引受人が必要。入居時敷金（家賃3ヵ月分）、仲介手数料（家賃1ヵ月分）、前払家賃（共益費1ヵ月分）。別途火災保険料が必要。

サ高住は、基本賃貸住宅ですから、他の高齢者施設と比べ共有部分が狭いのも特徴です。上記の費用以外に、食事代や光熱費・通信費、その他の生活費、介護が必要になった場合の介護サービス費、医療費等かなり高額になります。今と将来の収支もイメージした契約が必要になりますね。

6 高齢者の暮らしに影響する改正（その1）

～特別養護老人ホームの入所は原則要介護3以上

特別養護老人ホーム（特養）は、介護付有料老人ホームや他の高齢者施設などに比べ、費用が安いこと、入所期間に制限がない（終の住まいになる）こと、地域の社会福祉法人が運営しているとの安心感があり、人気施設です。入所希望者も多く待機者の増加が問題になり、2015年4月から、特養の入所要件等が原則「要介護3以上」になりました。なお、改正時既に入所していた要介護1・要介護2の人は継続して入所できます。

要介護1・2の人でもやむを得ない事情があると認められた場合、「特例申請」で入所可能とされていますが、入所ハードルは厳しいのも現実です。例えば、要介護2で90歳、賃貸アパートに独居、日々の薬の管理ができない、お仏壇の火の始末ができない、認知症で徘徊が頻繁、といった人でも却下された例もあります。

2015年8月から、在宅で暮らす人との公平性を高めるため、食費・部屋代について、預貯金等が単身で1000万円（夫婦で2000万円）を超える場合、負担軽減の対象外になります。

食費・部屋代の負担軽減　対象者の判定の流れ

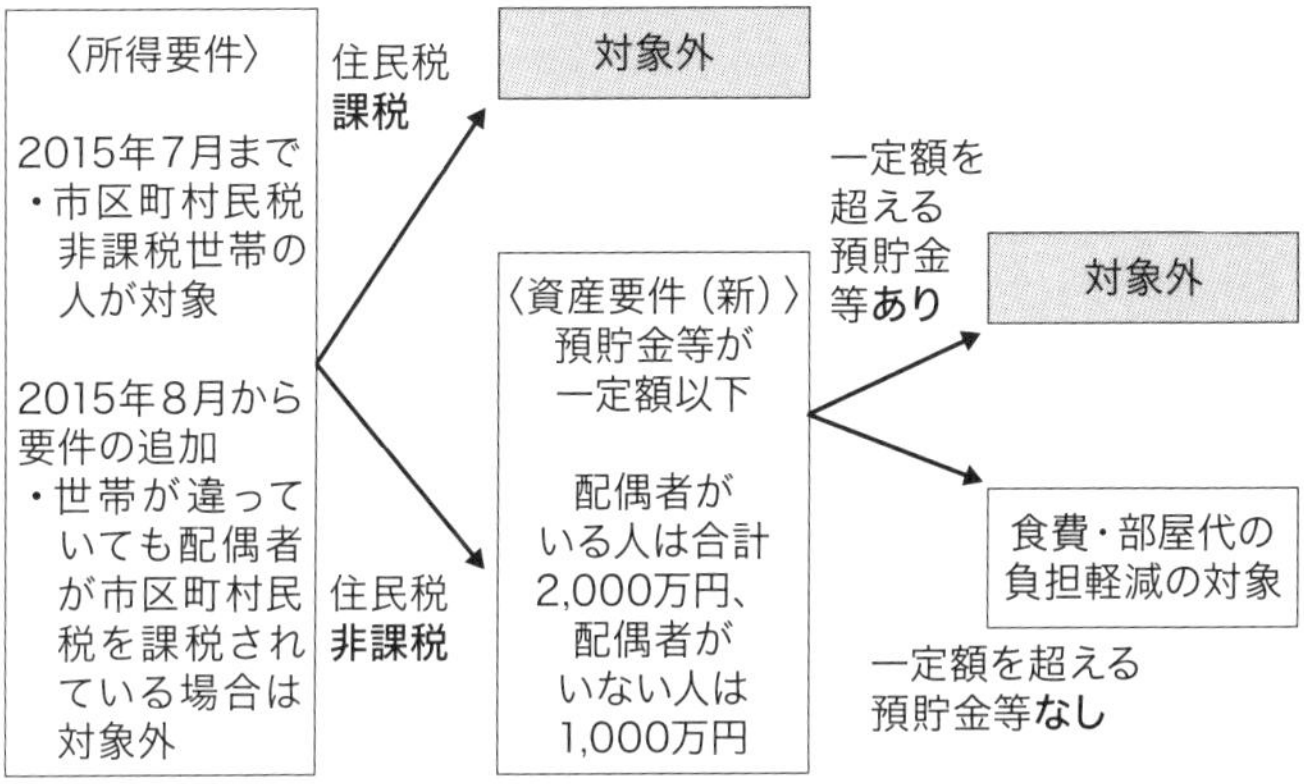

預貯金等の内容と確認のしかた

預貯金等に含まれるもの（資産性があり、換金性が高く、価格評価が容易なものが対象）	確認方法（価格評価を確認できる書類の入手が容易なものは添付を求めます）
預貯金（普通・定期）	通帳の写し（インターネットバンクであれば口座残高ページの写し）
有価証券（株式・国債・地方債・社債など）	証券会社や銀行の口座残高の写し（ウェブサイトの写しも可）
金・銀（積立購入を含む）など、購入先の口座残高によって時価評価額が容易に把握できる貴金属	購入先の口座残高の写し（ウェブサイトの写しも可）
投資信託	銀行、信託銀行、証券会社等の口座残高の写し（ウェブサイトの写しも可）
タンス預金（現金）	自己申告

7 高齢者の暮らしに影響する改正（その2）

～食費・部屋代の負担軽減の基準に遺族・障害年金額も含める

介護3保険施設（特別養護老人ホーム・老人保健施設・療養病床〈158ページ参照〉）の利用者は、利用者自己負担段階により食事・居住費等の自己負担限度額が決まります。限度額を超えた額は「補足給付」として介護保険者が介護保険施設に支払います（第1～第3段階。第4段階の補足給付はなく、施設等との契約金額を支払う）。

2016年8月から、利用者負担段階は遺族年金および障害年金等非課税年金の額も含めて判定となりました。

例えば、夫の遺族年金と自分の老齢年金を受給する高齢の女性の場合、自分の老齢年金が少なくても受給年金総額が多いのが一般的ですが、改正により遺族年金を含めることになったため、居住費等や食費代等の負担額が増えています。自宅で暮らす人、保険料を負担する人、老齢年金を受給している人との公平性を高めるための見直しです。膨らみ続ける介護保険の財政を考えると、実質的な収入での判断もやむを得ないかもしれません。今後は、高齢期の途中からの支出増も予想し、ゆとりの準備が必要です。

介護3保険施設の利用者負担段階と負担限度額（厚生労働省）

<table>
<tr><th rowspan="2">利用者負担段階</th><th rowspan="2" colspan="3">対象者</th><th colspan="4">負担限度額（日額）</th></tr>
<tr><th colspan="3">部屋代</th><th>食費</th></tr>
<tr><td rowspan="5">第1段階</td><td rowspan="5" colspan="2">・世帯の全員（世帯を分離している配偶者を含む）が市区町村民税を課税されていない人で老齢福祉年金を受給している人
・生活保護等を受給している人</td><td rowspan="15">かつ、預貯金等が単身で1000万円（夫婦で2000万円）以下</td><td colspan="2">多床室（相部屋）</td><td>0円</td><td rowspan="5">300円</td></tr>
<tr><td rowspan="2">従来型個室</td><td>（特養等）</td><td>320円</td></tr>
<tr><td>（老健・療養等）</td><td>490円</td></tr>
<tr><td colspan="2">ユニット型準個室</td><td>490円</td></tr>
<tr><td colspan="2">ユニット型個室</td><td>820円</td></tr>
<tr><td rowspan="5">第2段階</td><td rowspan="3">2016年7月まで</td><td rowspan="3">・世帯の全員（世帯を分離している配偶者を含む）が市区町村民税を課税されていない人で合計所得金額と課税年金収入額の合計が年間80万円以下の人</td><td colspan="2">多床室（相部屋）</td><td>370円</td><td rowspan="5">390円</td></tr>
<tr><td rowspan="2">従来型個室</td><td>（特養等）</td><td>420円</td></tr>
<tr><td>（老健・療養等）</td><td>490円</td></tr>
<tr><td rowspan="2">2016年8月以降</td><td rowspan="2">・世帯の全員（世帯を分離している配偶者を含む）が市区町村民税を課税されていない人で合計所得金額と課税年金収入額と非課税年金収入額（新設）の合計が年間80万円以下の人</td><td colspan="2">ユニット型準個室</td><td>490円</td></tr>
<tr><td colspan="2">ユニット型個室</td><td>820円</td></tr>
<tr><td rowspan="5">第3段階</td><td rowspan="5" colspan="2">・世帯の全員（世帯を分離している配偶者を含む）が市区町村民税を課税されていない人で上記第2段階以外の人</td><td colspan="2">多床室（相部屋）</td><td>370円</td><td rowspan="5">650円</td></tr>
<tr><td rowspan="2">従来型個室</td><td>（特養等）</td><td>820円</td></tr>
<tr><td>（老健・療養等）</td><td>1,310円</td></tr>
<tr><td colspan="2">ユニット型準個室</td><td>1,310円</td></tr>
<tr><td colspan="2">ユニット型個室</td><td>1,310円</td></tr>
<tr><td>第4段階</td><td colspan="3">・上記以外の人</td><td colspan="4">負担限度額なし</td></tr>
</table>

注：「特老」……特別養護老人ホーム
「老健」……老人保健施設
「療養」……療養病床

8

特養入所待機者52・4万人から36・6万人に

～統計の取り方等が変わった

厚生労働省は（２０１７年3月公表）、特養の入所申込者（待機者）が前回（２０１４年３月公表）の調査52・４万人から３割減少し、36・６万人と発表しました。少し細かくみると、要介護３～５の申込者数は29・５万人、推定による要介護１～２の申込者数７・１万人の合計です。

入所条件を原則要介護３以上としたこと、複数の施設を希望している待機者を重複して数えない、申込み後の死亡、他の高齢者施設の建設ラッシュ等も関係したようです。待機者数は実数に近づいたといえます。

私も高齢者支援で市役所に特養の入所の申請をしたとき、待機者数はこうして増えていくのだなと感じつつ、本人の状況から独居生活は無理なことと金銭的理由から入所を希望し、複数の希望施設を記入した記憶があります。しかし、施設の見学をして感じたのは、特養の待機者が多いという割に特養に空きがある矛盾でした。空室の主な理由は、「個室のユニット型」が増え、多床室に比べ利用料が高いこと、あわせて「ユニット型」は個別ケアのため、職員の負

特別養護老人ホームの入所申込者数　36.6万人

	要介護度３	要介護度４	要介護度５	計
全体	115,270人	103,658人	76,309人	29.5万人
うち在宅の人	56,750人	40,356人	26,118人	12.3万人
うち在宅でない人	58,520人	63,302人	50,191人	17.2万人

＋ 要介護1～2推計7.1万人

2017年3月　厚生労働省　数値は四捨五入のため合計に不一致あり

要介護者別の特養入所者の割合

～15年間で平均要介護度は、3.35から3.87に

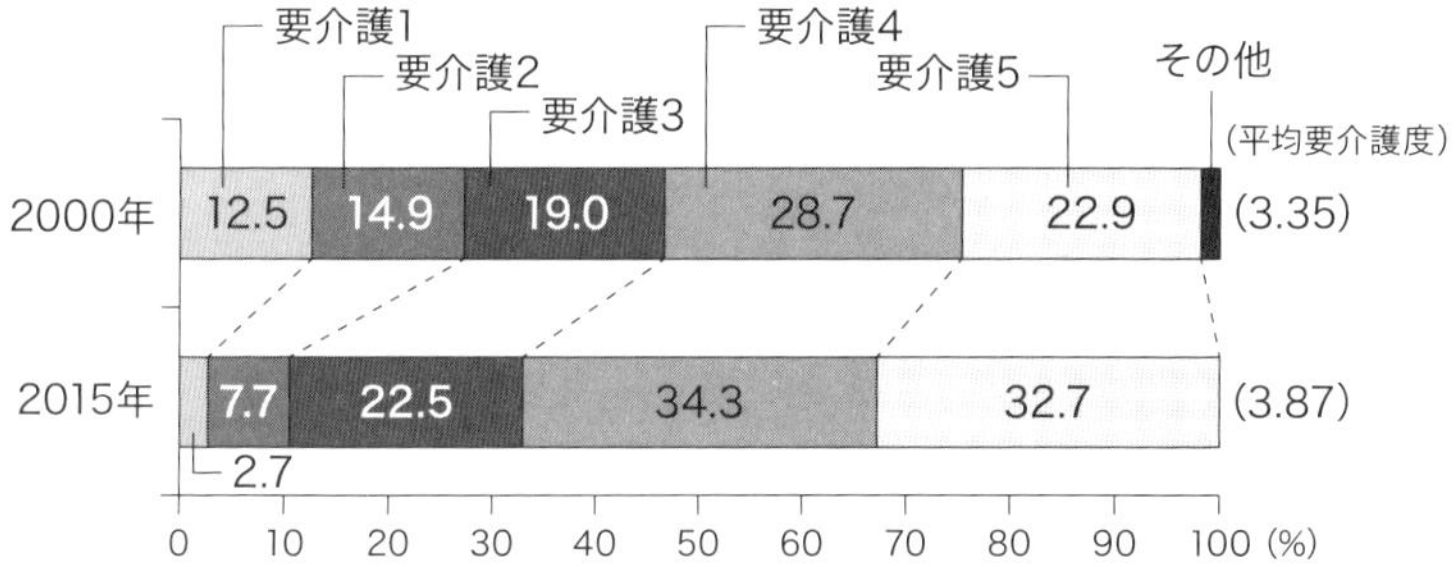

9,726施設　サービス受給者数57.7万人（2017年4月審査分）

出典：介護サービス施設・事業所調査

担も大きく、介護職員不足で対応できない事情等もあります。空室があるのは、要介護4、5の割合が高いと介護報酬の加算が高くなることも理由の一つです。

自宅がない、収入や資産が少ない単身者等にとり、利用料が安い特養は最後の寄り所です。「個室」にこだわらず、本当に困っている人が入所できる住まいの役割を提供してもらえると助かります。

コラム

住宅型有料老人ホームに宿泊体験してきました

～交通の便と食事の味、環境等もチェック

夫婦の年齢差からいずれは一人と覚悟しており、数年来仕事と趣味を兼ね高齢者施設見学を重ねてきました。そろそろ入居したい施設の候補を絞ろうと、過去見学で気に入った住宅型有料老人ホーム（以下「Aホーム」）に一泊二日の体験入居をしてきました。数年前の見学会は大勢での参加でしたが、今回は私一人。Aホームは最寄りの駅からバスで約10分、すぐ隣に地域密着型のグループホームや小規模多機能施設等があり、福祉の環境としては最高です。近くに郵便局、スーパー、文化施設がありますが、以前よりさびれた感は否めません。

食事も前回は大勢だったので美味しかったのですが、今回は昼・夜・朝を一人で食べ、味付けが三食とも同じことに気づき、食堂の利用者が少ない理由もわかりました。宿泊した部屋は4階、34・63㎡、入居一時金は約1900万円。介護付有料老人ホームと異なり、お風呂や簡単な台所等があるため実質は狭め、かつ共有部分が少なく、ごく一般的なマンションです。「自分の意思で入居するために早いうちに決断を」と職員は勧めますが、逆に元気な今だからこそ自宅の暮らしとの比較ができました。孤独に身を置き、宿泊し、自分の感性で確認するこ

住宅型有料老人ホーム（都内Ａホーム）の主な入居一時金のイメージ（入居率約７割）

部屋広さ	60 ～ 74歳・15年償却	75 ～ 84歳・10年償却	84歳以上・7年償却	（月払い※）
24.08㎡	1,020万円	680万円	476万円	7.3万円
32.73㎡	1,579万円	1,053万円	737万円	11.2万円

※支払方法は一括払いと月払いを選択可。
　償却期間内に契約終了の場合は返還金制度あり。

Ａホームの月負担額のイメージ（都内Ｔ市）

管理費（固定費） 56,570円	3食食堂を利用した場合（30日）56,400円 光熱費等　10,000円 医療・消耗品　10,000円 生活費等（個人差あり）　約30,000円
合計　162,970円	

＋
プラス

介護サービスの
自己負担額
（必要なとき）

との大切さに気付かされました。

暮らしやすさ、人気度をみるのに入居率の確認も重要です。

高齢者施設は高い買い物です。元気な時にこそ手間と時間をかけてお金と気持ちの整理を重ね、決断したいものですね。

9 レクレーション等が活発な分譲型有料老人ホーム

～売却や相続が可能だが……

介護付有料老人ホーム等の入居一時金は施設の利用権ですが、稀ですが分譲マンション型の有料老人ホームもあります。分譲ですから資産（所有権）となり、本人が売却または遺族等が相続できます。

ただ、普通のマンションと異なり、利用者が限られるので売却先も限られることや、相続したが誰も入居しなくても管理費等の支払いが継続することも知っておきましょう。

多くの高齢者施設は、特定の日に特定の人がレクレーションを楽しむ感じですが、日常的に入居者がゴルフのコンペを継続的に開催、卓球、麻雀、体操等を楽しんでいる施設もあります。例えば千葉県にある、住まい（分譲式）とコミュニティ（会員式）からなるアクティブシニアタウンA施設です。レストラン街も充実しており、比較的安くて美味なのに私もびっくりしました。もっとも男女で感想は異なるようで、この施設に入居しているずっと単身だった友人男性は食事に大満足ですが、女性はおいしいものでも毎日だと飽きるという人もいるとのこと。50歳代から90歳代までの元気な人が入居しており、２０１５年からは居宅介護支援事業所

アクティブシニアタウンＡ施設入居に必要な費用の例（2018年２月までのキャンペーン）

分譲マンション・所有権
（築７年）

例・33.24m²
1,100万円（税込）
（キャンペーン価格）

・管理費
8,000円（月）※
・修繕積立金
6,250円（月）※
売却や相続が可能

＋

コミュニティ会員
入会金（1人）
3,132,000円（税込）

月会費（1人）
91,544円（税込）

・レストラン街で選べる食事（朝・夕の食事込）
・各種コミュニティサービスの利用

⇒

安全・安心のマンション生活

生きがいと楽しさを追求のコミュニティ

※本人が死亡して空きが続く場合も支出が続く

＋

日常生活費と昼食費

＋

介護サービスを利用した時の自己負担額 → （介護が必要になると、居宅介護支援事業所に所属する２名のケアマネジャーが訪問介護等の手配をしてくれる）

も設置されたので、介護状態になっても対応可能となりました。分譲なので価格も変わります。情報をコマメにチェックしておくといいでしょう。

コラム

高齢者施設選びは長期戦

～本当に必要になってから決断では遅い

誰しも加齢により身体も思考力も衰えてくると知りながら、イザその時がくるまで高齢期の住まい選びに迷っているのも現実です。これまでの暮らし方、生き方や高齢期の住まいに関するイメージも様々で、正解はありません。一つだけ言えるのは、最期まで自分らしく暮らしたいと願うなら、決めた思いが叶うように早めに心と身体とお金の準備をしておきましょう。

高齢期の住まいは、毎月の管理費等が高いと、施設費と年金額との差額の取り崩しで預貯金等の目減りが大きく、長寿化に対応できません。人生１００年時代を迎えた今、60歳から、75歳から、90歳からでは、健康作り法や住まい選びも異なります。現在住んでいる地域や家族で対応できることも視野に入れつつ、では何が不安なのか、何のために施設・住宅に入居したいのかを整理しましょう。環境に慣れやすい、協調性の有無など自身の性格も考慮しつつ、住み替えの時期を明確に自分で決めておくといいでしょう。幅広く思考できる70歳代までに気になる施設の見学や宿泊体験をして本命をみつけておき、再度時期がきたらもう一度見学がベストでしょう。ひょっとしたら人生最大の買い物となる施設選び、長期戦覚悟で慎重に臨みましょう。

入居時期は人様々でいい、要は自分で決めることが大切

50 ～ 60歳代で入居、できる限り自宅で頑張る、いよいよ必要になったら施設へ、など……

●自分の性格の分析と入居の目的の確認（団体生活の向き・不向きの確認、何のために入居？）

●入居への不安

・集団生活で自由はあるのか？（夜中に職員が見守りのため来室するのがイヤ等）

・交通が不便（時には外出してショッピング等楽しみたいのに）

・入居者や職員との人間関係（一度入居したら戻れないことも）

・室の狭さと荷物の整理（住んでいた自宅の環境や生活レベルで悩みも様々）

・最期まで資金が持つか（今と将来を見据えてマネープランを立てる）

●我が家の収支表（90歳くらいの時、流動資産はいくらある？）と資産の表（不動産・有価証券、生命保険等の一覧）を作ってみる

50歳代・60歳代	75歳	90歳代
①自立（ここが勝負の活動時期）	②人により自立度低下	③介護

就労・ボランティア　→　収入と年金を増やす

趣味・スポーツを継続（気力・根気・体力をつける）

→　健康寿命・活動寿命を延ばす

高齢者施設の見学・宿泊　→　元気なときに見学し、イザ入居を考えたとき、再度気になる施設見学

（見学を重ねると見所のポイントもわかってくる。年齢で感じることが変わることも知る）

コラム

地域包括ケアシステムとは

～住み慣れた地域で、住まい・医療・介護・予防、生活支援を一体的に提供するしくみ

２０１８年４月、診療報酬（診療報酬本体の改定率は０・５５％）と介護報酬（０・５４％）が６年に一度同時に改定されました。共通方針の目玉は、「地域包括ケアシステム」の推進です。今後増えると予想される医療と介護のニーズに対応するため、地域で医療と介護・福祉関係者等が連携して高齢期などに対応するしくみです。

最近、自宅等での看取りに関する医療関係者のセミナーや記事等が目立ちます。ほとんどの人は「最期は自宅で暮らしたい」が本音ですが、置かれた状況により誰もが可能とはいえません。一般的に自宅での看取りは親族等がいる前提のお話です。

一番の心配は人材不足。高齢者施設でもケアマネジャー、看護師、介護福祉士等を募集しても応募者なしなどの声が聞こえてきます。今後は地域の医師、医療機関等と必要な情報を共有し、患者に対応する「かかりつけ医」が重要になりますが、求められる仕事内容はかなりハード。団塊の世代が75歳以上になる２０２５年に向けた体制づくりが、待ったなしで始まりました。

第9章

成年後見制度等

～法定後見制度・任意後見制度等を理解しよう

1 高齢期に必須、成年後見制度

～法定後見制度と任意後見制度

現在の**成年後見制度**は、２０００年4月に介護保険制度と同時にスタートしました。認知症や知的障害、精神障害などの状態にある人の判断能力や意思能力をできる限り活かし、自立した生活を送れるよう支援する制度です。

行政機関が介護サービスを決定し提供する「措置」から、利用者本人が事業者と「契約」によりサービスを受ける制度に変わりました。判断能力が不十分な人等を支援する法的なしくみが必要になったからです。成年後見制度には、**法定後見制度**と**任意後見制度**の二つがあります。

「法定後見制度」は、既に判断能力が不十分な人などが利用でき、家庭裁判所に審判の申立てをします。本人の判断能力が重度な状態から順に「後見」「保佐」「補助」の３類型があります。

「任意後見制度」は、判断能力が不十分になった場合に備え、「誰に」・「どのような支援をしてもらうか」をあらかじめ契約により決めておく制度です。

法定後見制度の３類型と任意後見制度

		判断能力の程度	本人の状況等
法定後見制度	補助	判断能力が不十分な人	・重要な財産行為を１人でするには不安あり ・物忘れの自覚あり
	保佐	判断能力が著しく不十分な人	・日常の買い物は可能だが、重要な財産行為を１人でできない ・物忘れの自覚がない
	後見	判断能力を欠いている人	・日常の買い物もできない ・重度の認知症で常に支援が必要
任意後見制度	契約時	契約締結能力あり	契約を理解できる
	委任事務開始	判断能力が不十分になったとき	物忘れが進み、不安を感じている

◆成年後見制度の理念は、①家庭や地域であるがままに暮らす（ノーマライゼーション）、②本人の残存能力の活用、③財産管理だけでなく、医療・介護を含めた生活全体に配慮するもの、です。

まずは、判断能力が不十分な人等が利用できる法定後見制度から説明します。

成年後見人等の資格に法律上の制限はなく、法人、または複数の人を成年後見人等に申し立てることも可能です。家庭裁判所が選任します。

2 どこに相談したらいいですか？

～地域の高齢者をサポート「地域包括支援センター」

判断能力が不十分になったかもしれないと感じる本人や家族からの質問で多いのが、「どこに相談したらいいかわからない」です。いきなり家庭裁判所は敷居が高い、地域で相談できる身近な人や場所があればいいのだけれど……、が高齢者等の本音です。

身近な施設では、各市区町村の「地域包括支援センター」があります。高齢者が住み慣れた地域で安心して暮らせるように、介護・福祉・保健・医療などにおいて保健師、主任ケアマネジャー、社会福祉士等の連携のもと、支援を受けられる総合相談機関です。各市区町村の高齢支援課等の窓口に相談することも可能です。本人の状況により、社会福祉協議会等が運営する「権利擁護センター」等に繋いでくれます。成年後見人等の候補者として、日本社会福祉士会が運営する権利擁護センター「ぱあとなあ」、東京弁護士会が運営する「オアシス」、日本司法書士会連合会が運営する「リーガルサポート」等に相談することも可能です。最近は、社会福祉士の有志などが運営する「法人」も増えています。

困ったときは地域包括支援センターに相談

65歳以上の人の心身の状態に合わせ、介護予防の支援をすることで、自立した生活が送れるよう支援

虐待の防止、悪質商法の被害防止等の情報を提供し相談を受け、財産の管理・日常の生活での契約に不安を抱く人に、成年後見制度の活用を支援

地域包括支援センター

介護、福祉、保健、医療に関する様々な悩み、相談に対し、主任ケアマネジャー・保健師・社会福祉士等が対応し支援

適切な介護サービスの提供のためケアマネジャーへの支援と助言、住みやすい地域にするため、介護・福祉・保健・医療等関係機関と連携して支援

相談先（例）　権利擁護センター　ぱあとなあ
（本部・03-3355-6546・各地域に支部あり）

相談：お話をじっくり伺います

↓

制度利用のコーディネイト：問題解決のために、一緒に考えます

↓

・手続きについての支援・成年後見人等の紹介
家庭裁判所への申立て手続きの援助や身近に適当な成年後見人等の候補者がいない場合の候補者の紹介などを行います。

・他機関との連携
法律や医療、その他の専門家と連携します。必要があれば弁護士等を紹介します。必要に応じて、相談等で得た情報等をあなたの了解を得た上で関係機関に伝えることがあります。

↓

成年後見人等の受注：ぱあとなあ会員は、家庭裁判所に名簿登録して成年後見人等を受任しています。与えられた権限の範囲で、社会福祉士の専門職の立場を活かし、あなたの生活をサポートします。

「権利擁護センターぱあとなあ」ホームページより

3 日常生活自立支援事業
～対象は福祉サービス利用者

福祉サービスを利用している人が利用できる制度に**日常生活自立支援事業**（東京社会福祉協議会全体では「地域福祉権利擁護事業」の名称で統一していますが、都内でも「日常生活自立支援事業」の名称で運営している地域あり）があります。次のいずれかに該当し、利用者本人の意思で契約ができることが条件です。

①認知症高齢者で判断能力が十分でない
②知的障害、精神障害があり、判断能力が十分でない
③判断能力はあるが、身体障害や高齢などの理由で支援が必要

なお、利用者本人が契約を結ぶことができない（契約後、判断能力が不十分になった）場合、成年後見制度などの利用を支援してくれます。

サービス内容は、①福祉サービスの利用支援を基本に、②日常金銭管理サービスと、③書類等の預かりサービス、を組み合わせて支援します。相談は無料ですが、支援には少額ですが負担があります。生活支援員の交通費等の実費の負担もある場合があります。

日常生活自立支援事業のサービスの内容

①福祉サービスの利用支援
●福祉サービスに関する相談および情報提供
●福祉サービスの利用契約・解約の手続き支援
●福祉サービスの利用料の支払い支援　など

＋

②日常的金銭管理サービス
●預貯金の預入れ・払戻し、口座の開設・解約など
●家賃・公共料金・医療費などの支払い支援など

③書類等の預かりサービス
●銀行・郵便局などの預貯金通帳、実印、権利証など
※大切な書類の紛失や財産侵害を防ぐために、指定金融機関の貸金庫に「保管」するサービスです。

日常生活自立支援事業の費用

<table>
<tr><th colspan="2">支援の内容</th><th>利用料のめやす</th></tr>
<tr><td colspan="2">①福祉サービスの利用支援</td><td rowspan="2">1回1時間まで1,500円
1時間を超えた場合は、30分までごとに500円を加算します。</td></tr>
<tr><td rowspan="2">②日常的金銭管理サービス</td><td>通帳等を本人が保管する場合</td></tr>
<tr><td>通帳等を預かる場合</td><td>1回1時間まで3,000円
1時間を超えた場合は、30分までごとに500円を加算します。</td></tr>
<tr><td colspan="2">③書類等の預かりサービス</td><td>1ヵ月1,000円</td></tr>
</table>

4 成年後見人等の職務範囲

～代理権・同意権・取消権等

成年後見人は、判断能力を欠く本人（**成年被後見人**）の財産を管理するため、広い範囲の代理権および取消権を持ちます。本人に変わり、本人に起こる様々な事案に対応します。

保佐人は、本人（**被保佐人**）が日常的な買い物程度はできるが、金銭の貸借や不動産の売買等、重要な財産行為は一人でできないため、本人が一定の重要な法律行為を行う際、本人がしようとすることに同意したり（同意権）、既にしたことを取り消したりします（取消権）。家庭裁判所が認めれば、特定の法律行為について、本人を代理して契約も可能です（代理権）。

補助人は、本人（**被補助人**）が望む一定の事項についてのみ（同意権や取消権は民法第13条第1項記載の行為の一部に限る）、保佐人と同様、同意や取消し、代理が可能です。

「重要な法律行為（民法第13条第1項）」とは、①預貯金の払戻し、②金銭の貸付け、③金銭を借りたり、保証人になる、④不動産などの重要な財産に関する権利の得喪の行為をする、⑤民事訴訟の原告となり訴訟行為をする、⑥贈与、和解、仲裁合意をする、⑦相続の放棄、遺産分割をする、贈与や遺贈を拒絶したり不利なそれらを受ける、⑧新築、改築、増築や大修繕を

成年後見人等の権限の違い

		後見	保佐	補助
対象となる人（本人）		判断能力が全くない人	判断能力が著しく不十分な人	判断能力が不十分な人
申立てができる人（申立人）		本人、配偶者、親や子や孫など直系の親族、兄弟姉妹、おじ、おば、甥、姪、いとこ、配偶者の親・子・兄弟姉妹等		
機関の名称	本人	成年被後見人	被保佐人	被補助人
	保護者	成年後見人	保佐人	補助人
	監督人	成年後見監督人	保佐監督人	補助監督人
申立てについての本人の同意		不要	不要	必要
医師による鑑定		原則として必要	原則として必要	原則として不要
成年後見人等が同意または取り消すことができる行為		日常の買い物などの生活に関する行為以外の行為	重要な財産関係の権利を得喪する行為等（民法第13条第１項記載の行為）	申立ての範囲内で裁判所が定める行為（民法第13条第１項記載の行為の一部に限る。本人の同意が必要）
成年後見人等に与えられる代理権		財産に関するすべての法律行為	申立ての範囲内で裁判所が定める特定の行為（本人の同意が必要）	申立ての範囲内で裁判所が定める特定の行為（本人の同意が必要）

東京家裁・東京家裁立川支部「成年後見申立ての手引き」より

する、⑨民法第602条の一定期間を超える賃貸借契約をすること、をいいます。

「特定の法律行為」とは、預貯金の払戻し、不動産の売却、介護契約締結などをいいます。

5 誰がどこに申立てをしますか？

～申立ての費用等が気になります

成年後見人等の申立ては、本人および配偶者、四親等以内の親族等が、身寄りのない人等の場合は市区町村長が、本人の住所地（住民票がある場所）を管轄する家庭裁判所に行います。四親等内の親族とは、①親、祖父母、子、孫、曾孫、②兄弟姉妹、甥、姪、③おじ、おば、いとこ、④配偶者の親、子、兄弟姉妹、をいいます。

自分一人で申立てや手続きが不安な場合は、弁護士や司法書士などに相談することも可能です。

申立てに必要な費用は、鑑定料を含め原則申立人が負担します。本人に支払い能力がある場合、審判確定後、本人の財産から手続き費用を償還することも可能です。

補助人、保佐人、後見人の資格に法律上制限はなく、法人や複数の人の選任の申立ても可能で、家庭裁判所が適任と認める人を選任します。

申立て手続き費用

・申立て手数料（後見・保佐・補助共通）　800円
　　（代理権または同意権の付与）　各800円
・登記手数料　2,600円
・送達・送付費用　3,220円（後見）、4,130円（保佐・補助）
・鑑定費用（実費）　（通常は申立て時に鑑定料をあらかじめ納めた金額）

鑑定費用別割合

・鑑定実施は全体の約 8.0%
・鑑定期間は１ヵ月以内が約 57.9%
・費用５万円以下が全体の約 57.8%
・全体の 97.5% が 10 万円以下

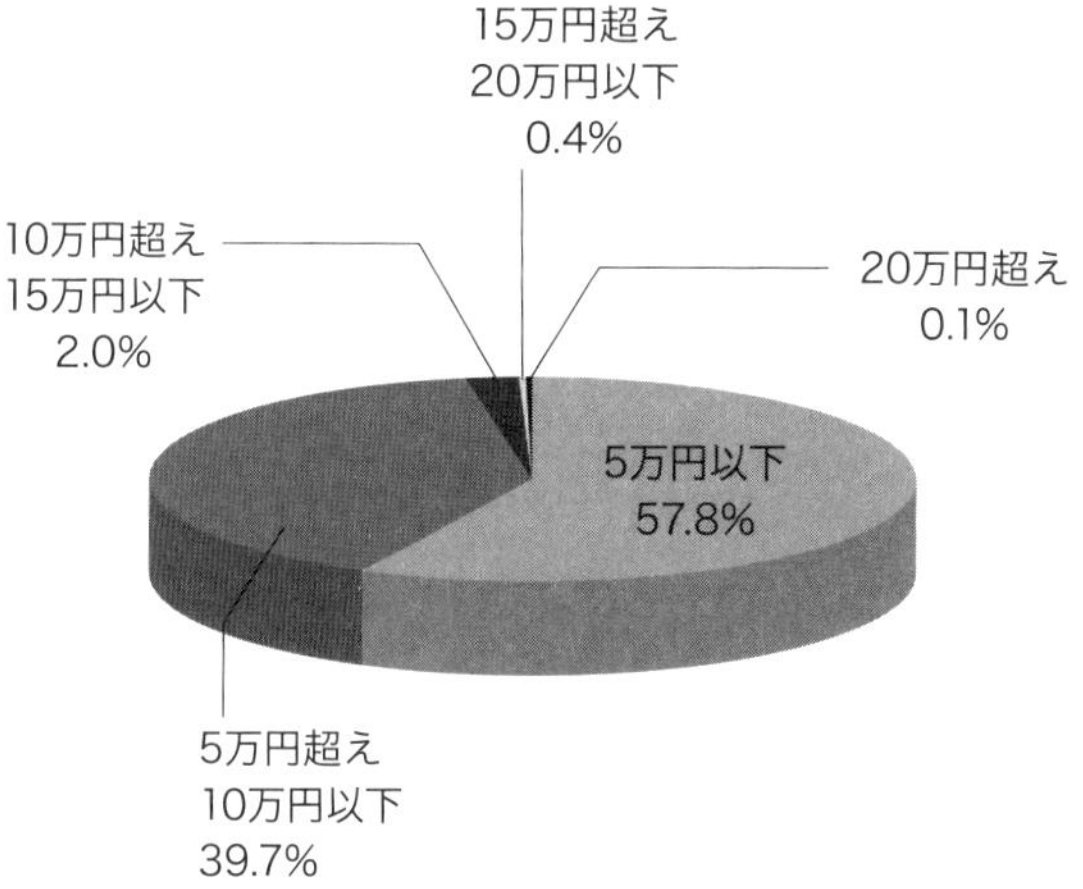

最高裁判所事務総局家庭局「成年後見関係事件の概況」（平成29年１月～12月）

6 申立てから審判までの手続きの流れ
～1ヵ月以内47・2％、2ヵ月以内78・9％

一般的に、成年後見人等の申立てをして家庭裁判所が審判するまで1～2ヵ月（「成年後見関係概況」平成29年1月～12月）かかります。「審判」は特に問題がなければ2週間後に「確定」します。審判に不服がある場合は、この2週間の間に不服申立ての手続きをします。

成年後見人等に誰を選任するかは、裁判所が決めます。後見、保佐、補助は本人が回復しない限り、原則として一生続くので、成年後見人等の申立ての取下げには家庭裁判所の許可が必要です。申立ての取下げで、利用者の保護ができなくなる可能性があるからです。例えば、申立書に書かれた候補者以外が後見人に選任されたり、後見監督人が新たに成年後見人などに選任されたなどの理由での取下げは許可されない可能性があります。

ただし、補助人は、代理権が付与された特定の法律行為が完了した等の場合、代理権や同意権を取り消す審判の申立て等で、仕事を完了することができる場合があります。

成年後見制度の標準的な審理の流れ

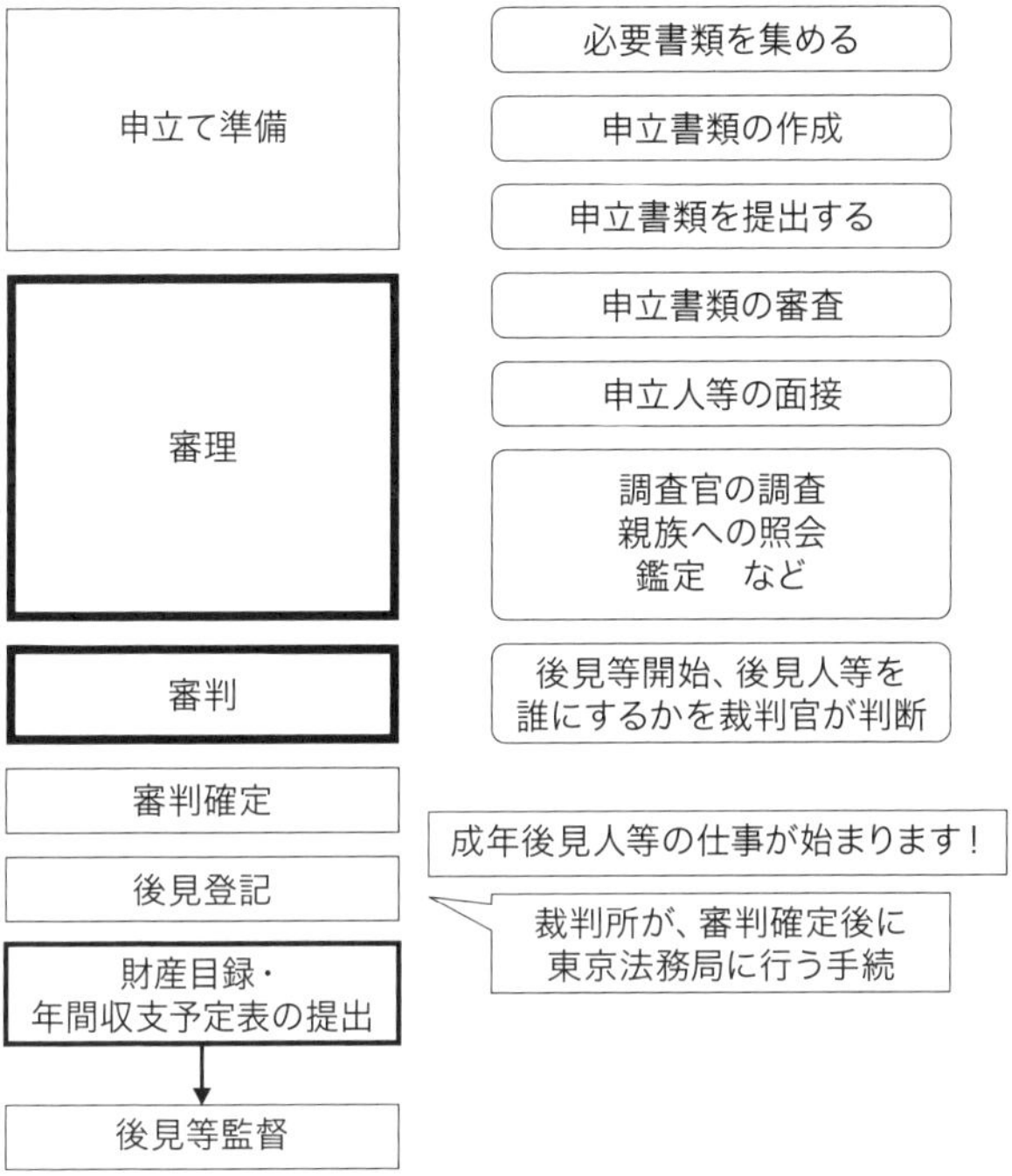

※申立てを受け付けてから審判がされるまで１～２ヵ月かかります。

東京家庭裁判所ホームページ（後見）より

なお、家庭裁判所は、後見等の仕事と責任について、手続きの流れ、申立てに必要な書類等、わかりやすく説明したＤＶＤも準備していますので、利用するとよいでしょう。

7 成年後見人等の主な仕事と義務（法定後見制度）

～財産管理・身上監護（身上保護）等・家裁への報告

成年後見人等の主な仕事と義務は、本人の身上監護などを通して必要となる財産管理と、原則年一回の家庭裁判所への報告義務です。成年後見人等の仕事は財産管理のイメージがありますが、自宅・施設・病院などでの本人の状況を把握して、サービス内容などや本人の状態を見守ることにより、本人にベストな対応が可能になるので、むしろ大切なのは身上監護（保護）です。

他に、代理権、同意権、取消権の行使があります。成年後見人等の３類型で付与される権利が異なります。なお、任意後見人には、任意後見契約で定められた代理権のみが与えられます。

成年後見人等を受任してわかったこと、それは福祉の知識は当然ですが、社会保険の知識、法律の知識、そしてこれまでの人生経験が大いに役に立ちました。例えば、私の場合、転勤族で生まれてから引越し29回、自宅を含めた不動産の売買13回、趣味で始めた多数の高齢者施設見学等が、支援者の自宅売却時の不動産会社への手早い対応や、リフォーム、介護付有料老人ホーム探しに役立ちました。人生に無駄はないのですね。

成年後見人等の主な仕事の内容

財産管理	・預貯金・有価証券、自宅および他の不動産等、その他の財産の管理 ・年金を含む社会保険・税金などの収支、日常生活費、賃貸収入・支出等の管理 ・遺産相続等の協議や手続き・生命保険等の加入や保険金の支払い等の管理　等
身上監護（保護）	・福祉サービスの利用の契約・解除、施設入所など諸手続き ・医療サービスの契約、入退院の諸手続き ・本人の住居確保のための不動産の購入、賃貸住宅探し、家屋のリフォーム　等
報告義務	・定期的に家庭裁判所に、財産管理や身上監護、必要な代理行為や同意権や取消しの記録等の報告

参考：東京家庭裁判所立川支部「成年後見申し立ての手引き」等

主な動機別申立ての件数は、預貯金等の管理・契約が一番多く、次いで身上監護

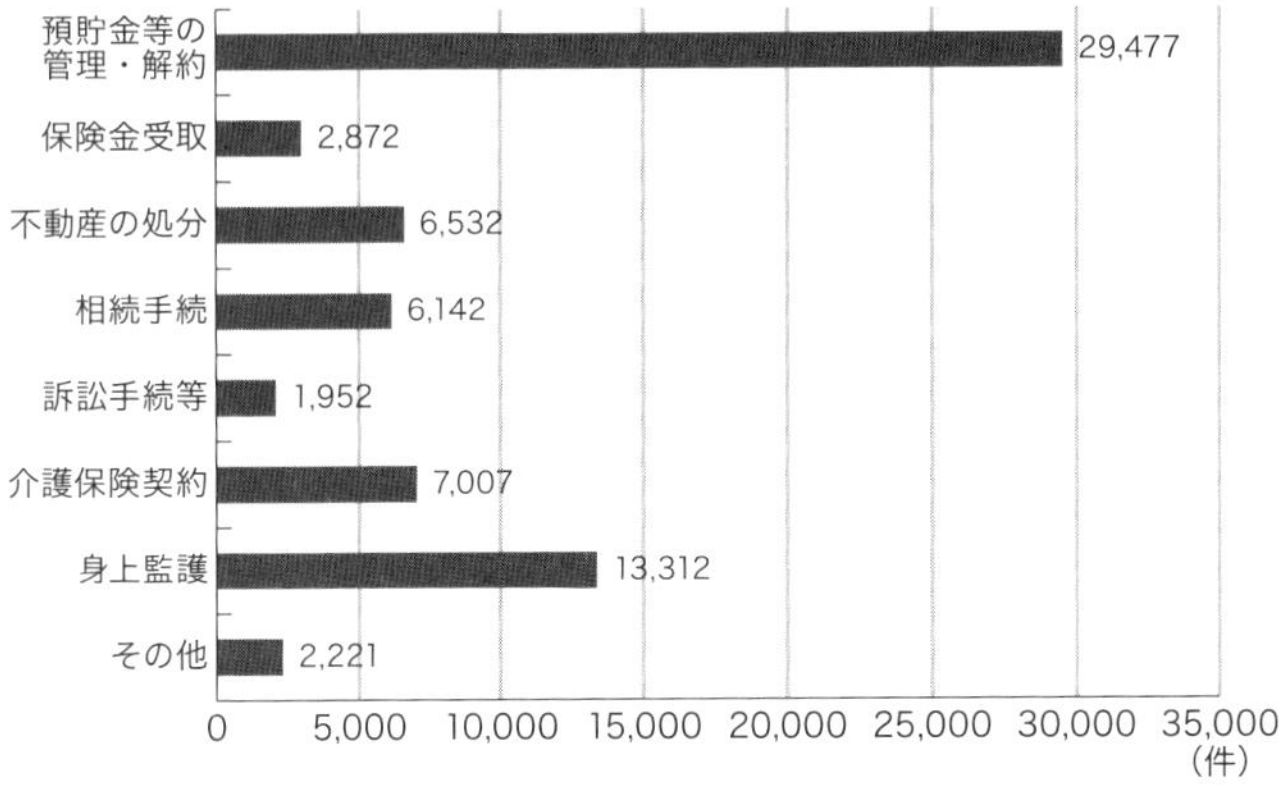

（注１）後見開始、保佐開始、補助開始および任意後見監督人選任事件の終局事件を対象とした。
（注２）1件の終局事件について主な申立ての動機が複数ある場合があるため、総数は、終局事件総数（35,417件）とは一致しない。
最高裁判所事務総局家庭局「成年後見関係事件の概況」（平成29年１月～12月）

8 判断能力が不十分になったときに備える（老い支度）

～任意後見制度

任意後見制度は、自らに判断能力があるうちに、将来判断能力が不十分になったときに備え、あらかじめ自ら選んだ代理人（任意後見人・任意後見監督人選任前は任意後見受任者）に、生活、療養看護等または財産管理に関する事務について代理権を与える契約（**任意後見契約**）を、公証人の作成する「公正証書」で結んでおくものです。任意後見契約は公証人の嘱託により法務局に「登記」されます。任意後見人の資格に法律上の制限がないのは、法定後見制度と同じです。

本人の判断能力が低下した場合、本人・配偶者・任意後見受任者、四親等以内の親族等が家庭裁判所に申し立てます。家庭裁判所で任意後見監督人が選任されたときから契約の効力が発生します。つまり、任意後見人適正の審査は、任意後見監督人の審判の段階で、チェック機能が確保されるしくみです。

任意後見契約締結にかかる基本的な費用として、公正証書作成代、登記嘱託手数料、法務局

任意後見契約は任意後見監督人が選任されたときから効力が発生

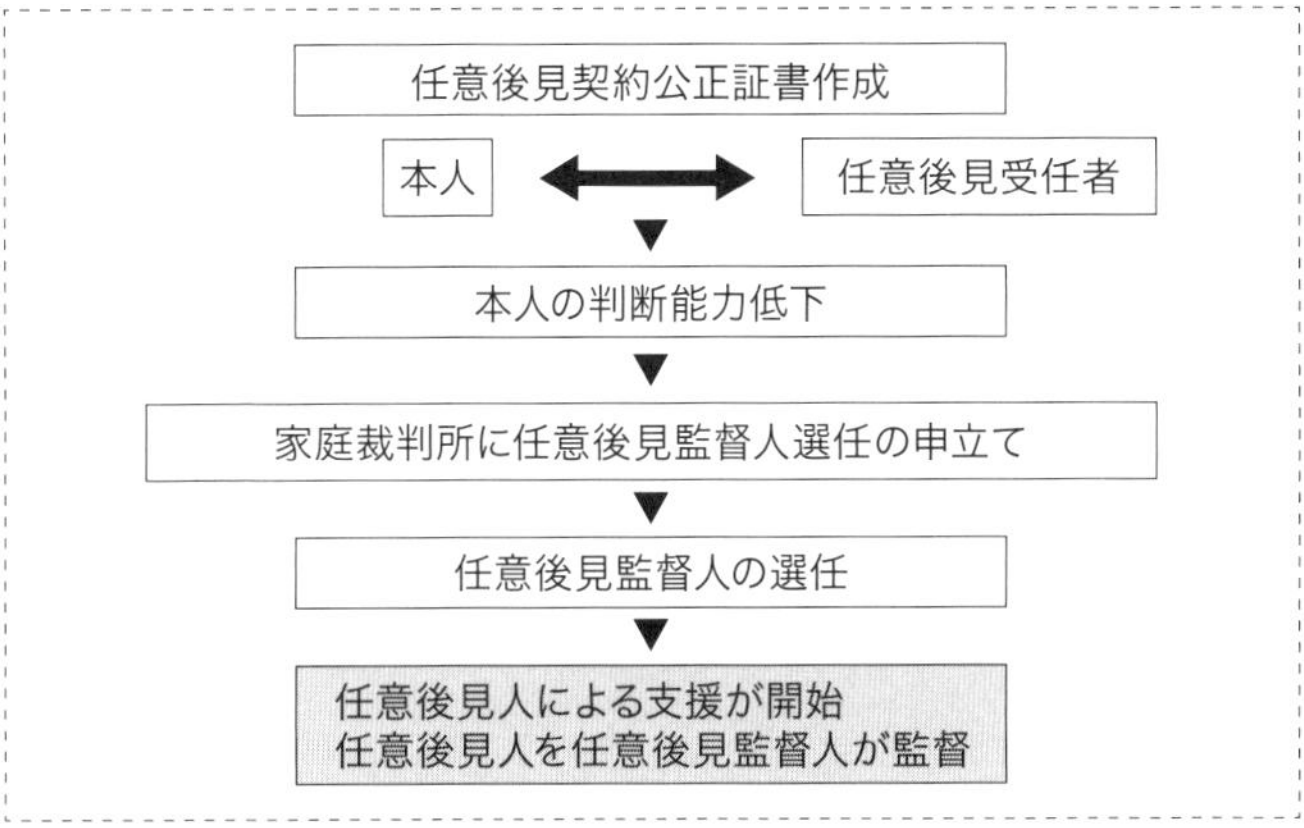

任意後見契約公正証書作成費用のイメージ～1契約につき

・公正証書作成の基本手数料	11,000円 （出張の場合は5割増）
・登記嘱託手数料	1,400円
・法務局に納付する印紙代	2,600円
・正本・謄本の作成手数料	250円×枚
・登記嘱託書郵送切手代等	

※上記は1契約の場合。公正証書の枚数、任意後見契約以外の委任契約を結ぶ場合等は費用も増えます。

に納付する印紙代等と、専門職などに依頼した場合は契約により別途代金が必要です。

9 判断能力はまだあるけれど
～身体の衰えが不安なとき等

任意後見制度は判断能力が不十分になったときに備える制度なので、判断能力は十分あるが歩行が困難、病気等で入院など身体が不自由になった場合に対応できません。老い支度を万全にするために、その人の状況により「任意後見契約」と併せ、通常の委任契約である見守り契約、財産管理契約、死後事務契約、尊厳死宣言公正証書・遺言書等で備えることも可能です。

将来、どんな生活を送りたいのか、そのためにどのようなことを依頼したいのかを具体的に明確にして契約することが基本です。契約の内容の範囲の代理権でしか支援できないからです。その意味で、エンディングノート（第7章⑯・152ページ参照）記載は、自分と向き合い、意識の掘り起こしになります。

任意後見制度の利用者は、子どもがいない人、子どもがいても子どもには頼りたくない（迷惑をかけたくない）人、単身、子ども等特定の人に頼みたい人、重い障害や精神障害など障害のある子の親等が信頼できる人と任意後見契約を締結、等が考えられます。任意後見人は親族または専門職に依頼で、費用も違ってきます。

「財産管理契約」とは、自己の財産の管理やその他の生活上の事務の全部または一部について、代理権を与える人を選んで具体的な管理内容を決めて委任するものです。当事者間の合意のみで効力が生じ、内容も自由に定めることができます。

「死後事務契約」とは、自己の死後の葬儀や埋葬に関する事務の代理権を付与して委託する契約のことです。特約として、財産管理契約とは別契約として公正証書の中に記載することも可能です。

「尊厳死宣言公正証書」とは、本人が自らの考えで尊厳死を望む、すなわち、延命措置を差し控え、中止する等の宣言をし、公証人がこれを聴取する事実実験をして、その結果を公正証書として作成するものです。

「公正証書遺言」とは、遺言者に代わって公証人が作成する遺言書です。公証人が作成するので遺言書が無効になることはありません。

10 任意後見契約の3類型
～即効型・将来型・移行型

任意後見契約には、本人の状況と希望等で次の3類型があります。

①本人の判断能力が衰えたときから任意後見人による支援を受ける「将来型」

②任意後見契約を結んだ直後に契約の効力を発生させる「即効型」

③任意後見契約と同時に、通常の委任契約を結び本人の財産管理等を行い、判断能力が低下後、任意後見契約により後見事務を行う「移行型」

将来型は、任意後見契約の基本的な契約で、本人の判断能力低下前は自ら財産管理を行います。任意後見受任者は、本人の判断能力低下の時期の見極めが求められます。

即効型は、任意後見契約を結んだ後、直ちに任意後見監督人の選任を申し立てますが、本人の判断能力が低下している状態なので慎重な扱いが求められます。

移行型は、実務的に利用範囲が広いため一番多く利用されています。課題として、判断能力が不十分になったときの確認が正しくされずに任意後見監督人の選任申立てが遅れると、本人

任意後見契約の流れのイメージ

将来型	見守り	任意後見契約発効	
即効型		任意後見契約発効	
移行型	委任契約（見守り含む）	任意後見契約発効	死後事務・遺言執行等

▲任意後見の発効

判断能力不十分▲（任意後見監督人選任）

各年における任意後見登記数に対する任意後見監督人選任の割合は、7%台

平成	24年	25年	26年	27年	28年
任意後見登記数	9,091	9,219	9,791	10,704	10,916
任意後見監督人選任	685	716	738	816	791

最高裁判所事務総局家庭局「成年後見関係事件の概況・法務省統計」（参考）

の財産が任意後見受任者（契約が発効後は任意後見人）に勝手に使われる可能性もあります。

11 任意後見制度の課題

～制度・本人・受任者の資質・不正など

法定後見制度に比べ任意後見制度は知られておらず、しくみは理解できても実際に利用に至る人は少ないのも現実です。判断能力があるうちに、自らの財産を公にして人に託す習慣も、私たちに馴染まないのかも知れません。また、任意後見契約を結んでも、契約発効まで長くなると、専門職などの側からは収入が不安定になる心配、本人の立場からは資産が減る心配もあるでしょう。

親族等が本人の財産目当てに受任するケースもあり得るため、事前に親族全体で話し合うことが必要です。単身で制度を利用する場合、自ら学び理解し疑問点を解消することからスタートします。

大事なことは、任意後見契約の代理権の内容と範囲です。一般的には範囲を広くしておいた方が柔軟に対応できますが、逆に受任者の代理権の乱用に繋がり、難しい問題です。

本人や親族等が任意後見制度を利用する目的を明確にし、本人と親族間（および専門職）とのコミュニケーションを密にして、信頼を得ておくことが、後々のトラブル防止になります。

公証人に相談の際は事前の予約を

任意後見契約は公証役場に執務する公証人が公正証書により作成します。公証人は裁判官、検察官、弁護士などの中から法務大臣によって任命されます。公証役場は全国に約３００ヵ所（日本公証人連合会ホームページ）、公証人への相談の際は事前に電話で相談の日時を予約します。

任意後見人（第三者）や任意後見監督人などへの報酬

本人が報酬を支払うかどうかは話し合いで決めますが、一般的に親族が任意後見人の場合は無報酬が多く、第三者の場合は報酬が発生します。任意後見事務の負担は相当なものなので、無報酬の場合、引き受けた人への対応も事前に配慮しておくのがいいかもしれません。併せて、任意後見監督人への報酬が必要となります。

任意後見人等の報酬額の目安（東京家庭裁判所）

本人の資産	通常の事務 月2万円	1,000～5,000万円	5,000万円超
任意後見人の報酬		月3～4万円	月5～6万円
任意後見監督人の報酬	月1～2万円		月2.5～3万円

12 成年後見制度の申立てが減少
～本当に利用が必要な人の6・4％

介護保険の利用者増に比べ、近年の成年後見制度の申立て数は減少しています。統計によると、成年後見制度の利用者は、障害を持つ子の親たちや判断能力が不十分な親を抱える親族など、本当に利用が必要と思われる人たちの6・4％、制度のことを知っているが利用するつもりはないが55・4％を占めています。

その背景を、申請手続きの煩雑さ、利用しなくても不便を感じていない等、支援者にとり利用する意味が理解されていない、と分析しています。親族でも本人の口座から一回あたりカードで50万円までの預貯金の引出しが可能なため、成年後見制度を利用しなくても日常生活に困りません。また、実際に経験した例では、判断能力が不十分な人の高齢者施設入居と契約の折、後見人等と契約はできないといわれ、施設は成年後見制度のしくみを知りませんでした。この例でも親族が判断能力がない人に代わって契約しているようです。

併せて、私なりに推察するに、後見人等への報酬が必要、事務が繁雑、も関係していそうで

成年後見制度を利用している人は6.4%

Q.家族等が認知症の人に対して預貯金・財産の管理の支援を行う際、成年後見制度を利用していますか。

※成年後見制度は法定後見制度および任意後見制度の両方を指すものとして定義した。

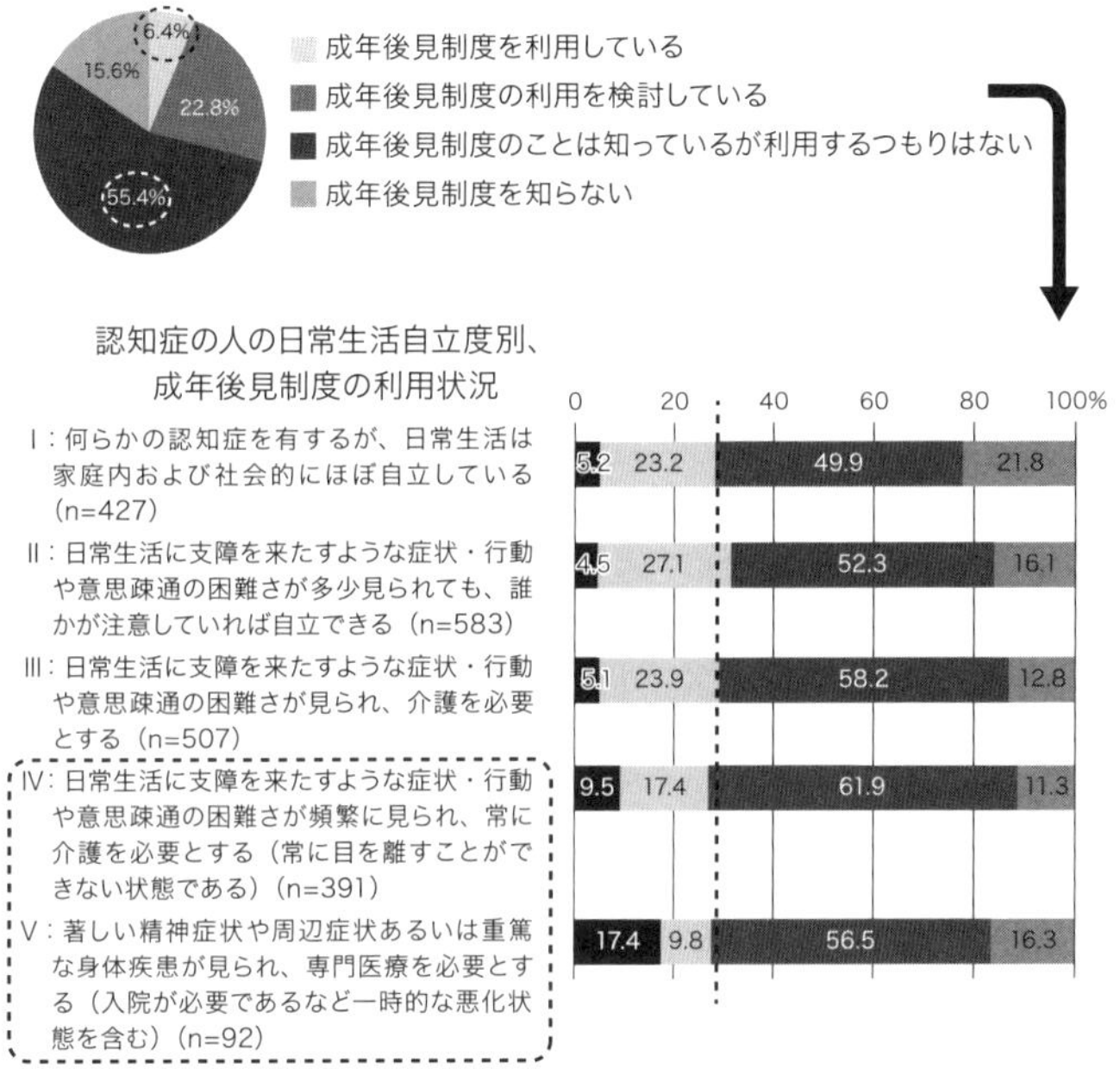

みずほ情報総研株式会社「認知症の人に対する家族等による預貯金・財産の管理支援に関する調査2017.5」

す。また、最近増えた親族や専門職による不正報道なども利用をためらう理由でしょう。

13 後見人等の不正

～親族後見人不正が9割超

後見人による不正件数および被害額は、２０１４年までは増加していましたが、２０１５年にいずれも減少しています。一方、専門職後見人による不正件数は、２０１５年は37件と過去最高でしたが、被害額は前年より減少しています。

不正の9割超は親族。生活苦などや介護に協力しない他の親族への不満から、本人の財産を確保するケースもあるとのこと。成年後見制度に対する理解不足も関係しているようです。

専門職の場合、事務所運営費不足、遊興費に使用、事務員等の横領の管理責任を問われたケースなどです。２０１７年1月に松江地裁で判決が出た、かなり悪質な例を紹介しましょう。

被後見人が受給できるはずの年金の手続きをしない等の職務怠慢により、裁判で被後見人に対する損害賠償を命じられた司法書士Ａは、家裁から定期報告の遅れを複数回指摘される等で辞任しました。後任の司法書士Ｂは、本人の代理人として約３３００万円（過去5年分の障害年金が認められ提訴後２６００万円に減額。ただし、年金の受給権5年の時効より6年分は受給できず）の損害賠償を司法書士Ａに求めて提訴、松江地裁は約１０７６万円の損害賠償をＡ

最近の成年後見制度における不正件数

西暦	不正総件数（後見・保佐・補助を含めたもの）	被害総額（最高裁で判明したもの）	うち専門職不正内容	
			総件数	総被害額（約）
2012年	624件	48億1,000万円	18件	3億1,000万円
2013年	622件	44億9,000万円	14件	9,000万円
2014年	831件	56億7,000万円	22件	5億6,000万円
2015年	521件	29億7,000万円	37件	1億1,000万円

東京家庭裁判所委員会報告「近時の成年後見事件の実情について」

に命じています。まさに後見人は資格でなく人なのですね。

通常、後見人等の仕事は、本人の自宅や施設等に月一回定期訪問し、本人の生活の状況を確認することで、食事等の内容や身体状態も観察し、必要なら障害年金等の手続き、入院や退院等の手続きをします。

また、送付されてくる請求書の内容が妥当かも確認し、必要な手続きをします。そして、家庭裁判所へ年一回報告します。

監督人がついた時は、監督人に報告します。

14 後見人等の不正防止対策
～「後見制度支援信託」利用と「監督人」の選任の増加

成年後見に関わる家庭裁判所の職員の限りがある中、後見人等の不正を抑える意味もあり、後見制度支援信託の利用と後見監督人が増加しています。

後見制度支援信託（以下「信託」）は、本人の財産のうち、日常的な支払いをするのに必要な金銭を預貯金等として後見人が管理し、通常使用しない金銭を信託銀行等に信託するしくみです（２０１２年2月開始）。成年後見と未成年後見において利用でき、信託する財産は金銭に限られます。信託財産は、元本保証、預金保険制度の保護の対象ですが、信託契約の締結に関与した弁護士や司法書士等の専門職後見人に対する報酬と信託銀行等への報酬が必要です。本人の流動資産が５００万円（東京家裁「後見センターレポート」２０１４・5）以上の人を適用対象としています。不正防止のもう一つの対策として、信託の利用がない、親族間に意見の対立がある、財産の額や種類が多い等の個別事情により、後見監督人が選任されます。確かに、後見人等の不正防止に効果はありますが、この制度は本人の財産を自由に本人のために活用できない面もあり、専門職や信託銀行等への報酬も必要となるのが課題です。

後見制度支援信託のしくみのイメージ

後見制度支援信託利用の流れ
家庭裁判所は、信託の利用を検討すべきと判断した場合、弁護士・司法書士等の専門職を後見人に選任（新規の場合、親族選任もある）。財産を信託する信託銀行等や信託財産額は、原則弁護士、司法書士等の専門職後見人が本人に代わり決定、家庭裁判所の指示を受けて信託銀行等との間で信託契約を締結。その後、専門職後見人は関与の必要がなくなれば辞任。

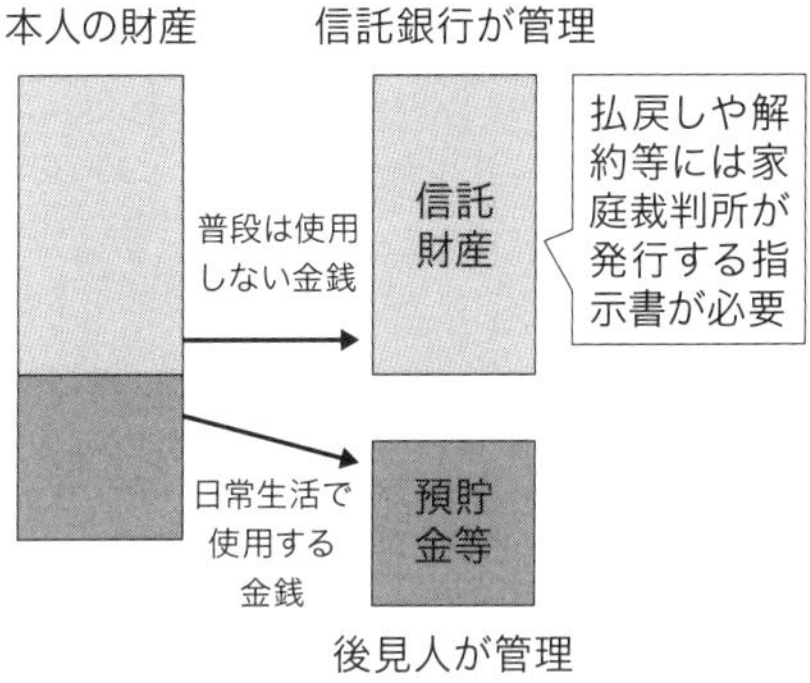

増え続ける後見制度支援信託と後見監督人等

	平成24年	平成25年	平成26年	平成27年
後見制度支援信託利用者数	98件	540件	2,768件	6,603件
（成年後見・保佐・補助）監督人選任件数	2,255件	2,723件	3,213件	4,722件

信託利用と後見監督人の選任で不正は減ったようですが、本人の財産からの支出と後見人等の手間は確実に増えており、本人や親族等の不満から、本当に利用してほしい人が利用を躊躇しそうです。

15 成年後見制度をもっと活用しよう
～利用者も支援者も制度のしくみの理解が必須

成年後見制度がスタートして18年経過しましたが、この制度を正しく理解するのは難しいというのが本音です。必要に迫られて制度を利用する人が多いのも関係しているでしょう。親のお金と子のお金、自分と配偶者のお金を区別して管理ができないケースも多々あります。判断能力が不十分になったときのことを考えるなんて、できるだけ避けたいのも人情です。

また、不正問題が公になり不信感があるのも現実ですが、複数の人を支援している立場から、制度を利用したことで穏やかに暮らしている人がいることも知ってほしいと思います。

ご夫婦で賃貸アパートに暮らしていた認知症のAさんは、妻亡き後、自宅で独居生活不可能との医師の診断により、アパートを退去し老人保健施設に入所後、介護付有料老人ホームで暮らしています。妻の死亡関係、自宅退去、施設の入退去の契約、相続等、諸々の手続きはすべて保佐人が行いました。成年後見制度のお陰で、本人の権利と生活が守られている人もたくさんいます。長寿化の今、支援する人もいずれは支援される立場です。制度を上手に利用するために、制度のしくみを正しく理解することから始めましょう。今から想像力と行動力、倫理感

市区町村による成年後見等の申立件数の推移

	2000年度	2014年	2015年	2016年	2017年
申立件数	23件	5,592件	5,993件	6,466件	7,037件
全体に対する割合	0.5%	16.4%	17.3%	18.8%	19.8%

※2008年から1月～12月統計　（最高裁判所事務総局家庭局「成年後見関係事件の概況」）

を育てていきましょう。

市区町村申立件数が増加

成年後見の申立ては、本人や四親等以内の親族が行うことが原則ですが、65歳以上で、介護保険サービス等を利用する場合等で、成年後見制度を利用したくても利用できない場合、市区町村長が家庭裁判所に申し立てることができます。市区町村申立ては、基本的に二親等以内の親族の意思確認で可能です。虐待の場合は、二親等以内の親族がいても、本人保護のため市区町村申立てとなる場合もあります（厚生労働省）。詳細は市区町村の高齢福祉課にお問い合わせください。

近年、家族関係も希薄になりつつある環境も関係し、市区町村申立件数が、制度スタートの２０００年度末の23件から２０１７年の７０３７件に、大幅に増加しています。

コラム

遺影を撮影しました

～「自分で選んだ写真で見送ってほしいから」の一言が心に響いた

ある自立型の高齢者施設で遺影を撮影する入居者をインタビューできる機会がありました。70歳代のご夫婦は、元気なときに遺影を残しておきたいと思った理由を「家族が選んだ写真ではなく、自分が気に入った写真で見送ってほしいから」と言われました。その場で拝見したプロの写真家が撮影した写真はとても素敵でした。

そもそも私が遺影に興味を持った理由は、支援していた身寄りのない高齢者が亡くなったとき、葬儀で使う本人の写真に生気がなく、とても虚しい気持ちになったからです。例え判断能力が衰えていても、撮影する瞬間だけでもその人らしい表情をしたものが欲しかったのです。

各施設まで出張してもらっての撮影は、各々の個性もありとても楽しく、かつ、出来上がった写真を見たご本人たちの喜びの反応は予想以上でした。かかった費用は、出張代や複数の写真代など込みで一人2万円、写真はタンスの上に飾られ毎日皆さんを見守っています。ついでに私も撮影してもらいお仏壇に飾っています。心が落ち着きました。もちろん自費です。

第10章

リタイアメントプランと投資等

～お金の準備について考える

1 リタイアメントプランを立てよう

～人生後半期および退職後の準備は早すぎることはない

リタイアメントプランとは、人生後半期および退職後のライフプランをいいます。ライフプランとは、ライフデザイン（個人の生き方）を具体化した「生涯生活設計」です。

現在、長寿化による社会保険の環境の変化、個人の生き方の多様化などで、現役時代に蓄えた預貯金や退職金などを取り崩して暮らす生活が可能かつ満足できる人は減少気味。最期まで自分らしい人生を送るには、後半期の暮らしを想像した上で、ありたい自分の人生を創造するために、早めの準備（行動）が求められています。

リタイアメントプランと聞くと、定年間近の人の関心事と思われますが、最近話題の金融機関の人員整理、介護離職、若年認知症高齢者の増加などからもわかるように、働き盛りの人も当事者になり得ることを知っておきましょう。そして、イザというとき助けになるのが「知識」です。そのとき必要な知識があるかないかで、人生が大きく変わります。

手始めに（思いつくままに）、リタイアメントプランを立ててみるとよいでしょう。実際に書くことで疑問が湧き、それが新しい発見に繋がります。

生活設計を立てている人は約３分の１、10年先までをイメージが大半

（単位：%）

		生活設計を立てている	生活設計の策定期間					生活設計を今後は立てるつもり	生活設計を立てるつもりはない
			1～2年先まで	3～5年先まで	10年先まで	20年先まで	20年より先まで		
全体		34.8	7.1	24.7	35.4	16.1	12.7	40.8	22.7
世帯主の年齢別	40歳代	32.5	7.3	33.0	30.7	10.6	18.3	53.8	13.0
	50歳代	35.3	7.6	17.3	40.2	19.7	14.9	49.0	14.9
	60歳代	35.7	5.2	19.3	36.9	21.2	11.8	34.3	27.9
	70歳以上	35.8	5.8	27.9	41.7	11.2	3.6	20.1	41.1

注　生活設計の策定期間は、生活設計を立てていると回答した世帯を100とした割合
金融広報中央委員会「家計行動に関する世論調査」（二人以上世帯調査）2016年

「夢は思わなければ叶わないよ！」は、私の若い友人から教えてもらった言葉です。何歳になっても誰にもやりたいことはいくつかあるはずです。それぞれゴールを決めてこれからの人生に、楽しむ回数を増やしていきましょう。

あなたも「今さら」を「今から」に変えてトライしてみませんか。

2 収支表（キャッシュフロー表）を書いてみよう！

～話し合う土台づくりのために

今から二十年ほど前、配偶者の勤務先が主催する一泊二日のライフプランセミナーを夫婦で受講しました。そのとき二人で将来のことをあれこれ話しながらキャッシュフロー表を作成しました。あれから月日は流れ、当初の人生プランからお互い少しずれましたが、２０１７年の預貯金残高との誤差は１００万円未満、と驚きです。改めて、お金と人生のことを意識するだけで、良い結果につながることを実感させられました。

当時、私はＦＰの資格を取得して日も浅く、夫婦でお金のこと、将来の夢について話し合うことなど思いもつきませんでした。あれからパソコン機能も発展し、収支表はエクセルで作成すれば簡単に小綺麗に完成します。

しかし、私は自分が講師を務めるセミナーでは、初めの一枚は手書きで作成しましょう、といつも提案しています。

キャッシュフロー表の作成の目的は、過去と向き合い将来を見つめながらありたい姿をイメージし、そのために必要な金額を想定し、働き方や家族などとの意見を調整していくものと考えているからです。話し合いの土台づくりに時間をかけた分、お互いの意思の疎通が可能になり、その後の修正も楽です。

近年、共働き世帯の増加で、家計管理のしかたも以前と変わりました。それが一番はっきりわかるのが公的年金、配偶者の年金額を知らないという人も増えつつあります。

配偶者の年金額を知らなくても暮らせる経済状況が前提とはいえ、高齢期のおサイフは意外とシビアなのに驚かされます。家計が夫婦別々で長い人生を乗り切れるのか、少し不安も感じています。

一方、年金を受給する年齢になって、期待していたほどでない額に嘆く人もたくさんいます。例えば会社員などから独立開業した人などは、厚生年金の加入期間が短い分、老後の年金も少なく、イザというとき配偶者が受給できる遺族年金も少額、配偶者の嘆きは人ごとではありません。

お金のことは話題にしにくいけれど、人生の節目に是非、共通の金銭感覚を養いつつ将来をイメージして収支表を書くことをオススメします。夫婦や家族の考え方の摺り合わせは、高齢になればなるほど難しく、対策も限られます。何より、話し合いを重ねると、片方だけが我慢する家計ではなくなり、協力し合うことでお互いの納得と満足感に繋がります。

年　月　日作成（年齢は12月末現在）　前年末の預貯金残高（　　　　　　）単位：万円

12	13	14	15	16	17	18	19	20	21	22	23	24	25	26	27
2030	2031	2032	2033	2034	2035	2036	2037	2038	2039	2040	2041	2042	2043	2044	2045

金額は万円単位
不明なときは、収入は少なめ、支出は多めに書く

項目が不明なら、毎年同じところに入れて記入

（　　　　　　　　　　）家のキャッシュフロー表

経過年数		0	1	2	3	4	5	6	7	8	9	10	11
項目／年		2018	2019	2020	2021	2022	2023	2024	2025	2026	2027	2028	2029
家族・年齢													
ライフイベント													
収入	本人収入												
	配偶者収入												
	本人年金												
	配偶者年金												
	その他収入												
	一時的収入												
収入計													
支出	基本生活費												
	住居費												
	教育費												
	保険料												
	その他支出												
	一時的支出												
支出計													
年間収支													
預貯金残高													

単身の人は、気になる親などを書く

ライフイベントは、最初は収支等考慮せず、思いつくまま書く。後で対策等考慮して見直す

収入は手取額を書く
給与収入なら×0.8
（税・社会保険料除く）

パート収入は、収入額そのまま記入

ボーナス等定期的収入

入学金、旅行、リフォーム代等不意に必要な支出

③ 老後の三大不安・3Kとは、お金(経済)・健康・孤独

～3Kの積立て効果は老後にジワーッと効いてくる

一概に老後といっても様々ですが、一般的に親の介護に遭遇し始める40歳代、50歳代は老い支度を本気で考え始めるとき、退職年齢の60歳代は本格的に老い支度に取り組むとき、70歳代は老い支度を明るく実践できればベストでしょう。

老後の豊かさは3Kいずれが欠けても十分ではありませんが、充実度の実現は現役世代から意識して積立て可能なものばかりです。少しの意識と努力が、知らない間に老後に花咲くのです。まさに豊かな老後は自分で創るといえるでしょう。

今を見つつ将来をイメージして備えることが大切ですが、一番大切なのは身の丈に合った積立てです。無理をすれば続きません。「コツコツ」が一番近道の所以です。特にお金は積立て効果がわかりやすいのですが、満足度は人により異なるのが難です。「足る」を知ることも大切でしょう。いろいろ相談を受けて思うのは、今を幸せと感じる満足度が、お金の使い方にも影響する、ということです。ご自分のお金に関する関心度を次ページの表で確認するのもよいでしょう。ここからがスタートです。

老後のお金に関するチェックリスト
～満足度がお金の使い方に影響も！

	内容	Yes	No	得点
1	毎月のおよその支出を把握している			
2	毎月のおよその収入を把握している			
3	老後の公的年金額（遺族年金額含む）をほぼ把握している			
4	現在の負債額を把握している			
5	現在の貯蓄残高等を把握している			
6	何歳まで働く（働きたい）つもりか考えている			
7	介護・医療・施設等にかかる費用に関心がある			
8	配偶者や家族等にお金のことやありたい将来のこと等を伝えている			
9	〈今の幸せ度〉　・充実している　4点 ・まあまあ　2点 ・不満　0点			

1～8まで Yes　2点 No　0点	計 /20点

4 なぜ今、マネープラン？

～人生100年時代のライフプランが前提

20年ほど前は人生80年時代といわれましたが、今や人生100年時代になりました。ちなみに平均寿命は、昭和22年は男性50・06歳、女性53・96歳、平成28年は男性80・98歳、女性87・14歳、70年間で約30年の延びとすさまじい長寿化で、同級生が90歳まで生存する率は、男性が四人に一人、女性は二人に一人です。

昔の定年は50～55歳で定年後の人生はごくわずか、ライフプランの必要性もありませんでした。ちなみに終身雇用制の言葉はこの時代に生まれたといわれています。

しかし、現在は、仮に夫が60歳で定年後、夫婦の老後期間（次ページの図参照）は30年以上あります。まさに60歳は通過点。最期まで豊かに暮らすには、60歳以降のライフプラン前提の生活設計（マネープラン）が必須といえます。

ですが、一部の共済組合や大企業などを除き、ライフプランセミナーを実施している中小企業は少なく、従業員は退職時の知識なしにいきなりセカンドライフデビューが現実です。退職金もない（準備できない）、ライフプランが一番必要と思われる自営業者などはもっと深刻です。誰もがライフプランの必要性に気付く啓蒙の場が今、求められます。

なぜ今、マネープラン？　～ライフプランが前提

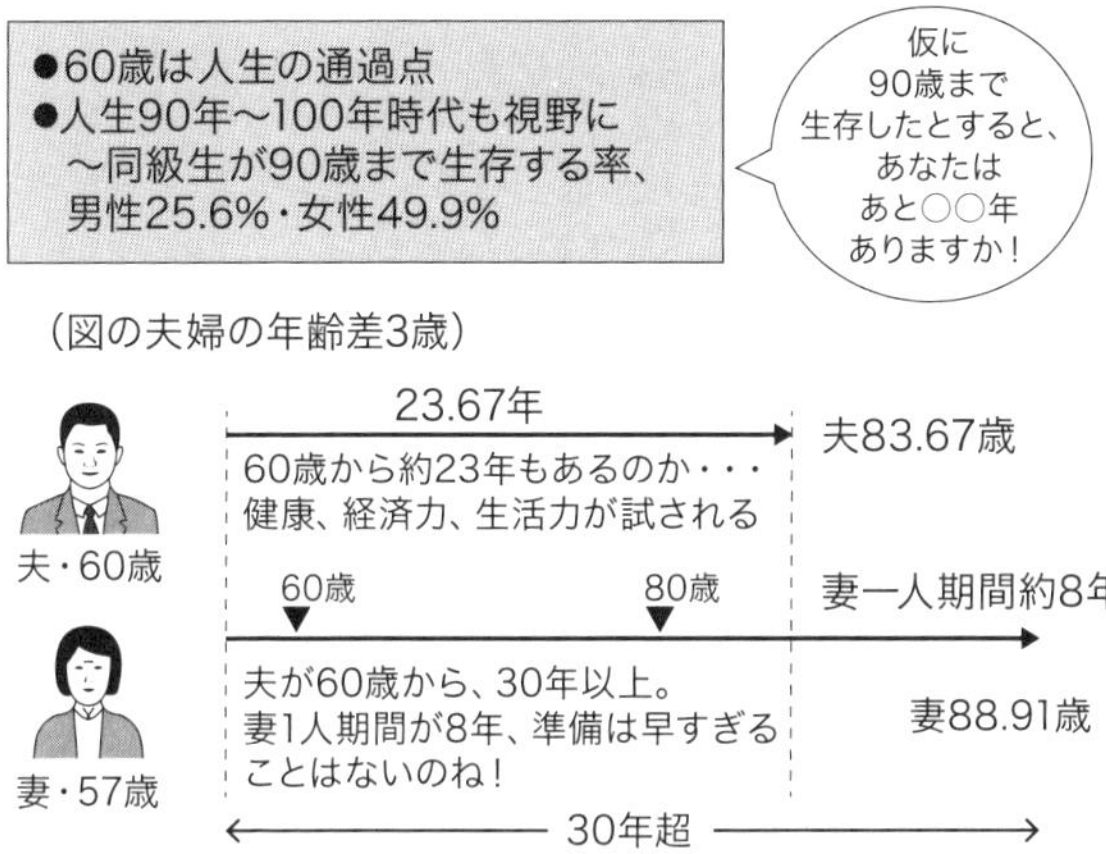
●60歳は人生の通過点
●人生90年～100年時代も視野に
～同級生が90歳まで生存する率、
男性25.6%・女性49.9%
仮に
90歳まで
生存したとすると、
あなたは
あと○○年
ありますか！
（図の夫婦の年齢差3歳）
23.67年
夫83.67歳
60歳から約23年もあるのか・・・
健康、経済力、生活力が試される
夫・60歳
60歳
80歳
妻一人期間約8年
夫が60歳から、30年以上。
妻1人期間が8年、準備は早すぎる
ことはないのね！
妻88.91歳
妻・57歳
30年超

平均寿命　男80.98年・女87.14年
60歳時平均余命　男23.67年・女28.91年（簡易生命表　平成28年）

平均寿命は、70年間で約30年以上延びた
（厚生労働省簡易生命表）

	男性	女性
昭和22年	50.06歳	53.96歳
平成28年	80.98歳	87.14歳

5 マネープラン、今からが勝負

～10年あれば、何でもカタチになる

相談現場から見えてくるのは「お金の不思議」です。「現役時代収入が多かった人イコール預貯金等が多額」とは限らないからです。要は使い方で決まります。

例えば、高収入だった人で退職後もお金の使い方の切替えができない人は大変です。本当は、退職時期を見据え、その前から少しずつ収支にメリハリのある生活を練習しておくべきです。就労収入はいつまでも続く訳ではないことを、肝に銘じておきましょう。

仮に、現在55歳、定年は60歳だが65歳まで働く予定なら、金銭感覚を養い貯蓄を殖やせるのは「今から10年が勝負」です。リタイアする65歳を目標に、何が必要で、削れるものは何かなど、家族などで話し合って徐々にシンプルな家計にしていきます。買いたい物を我慢する節約と異なり、就労収入があるゆとり時のシンプル家計管理は、節約を楽しむことが可能です。結果、穏やかにストレスなしに年金生活に着地できそうです。

併せて、退職後の生活に必要なおよその金額も予想できます、あと10年で貯める目標もでき、将来の不安も少し解消できそうです。家計のことは誰かの一方的な指示でなく、家族や配

マネープラン　～今からが勝負

自助努力	→ ゆとりの生活を送るために資金づくり
退職金・預貯金等	→ 生活費の不足分を取り崩して暮らす
公的年金	→ 老後の生活費のベースを支える

〈預貯金等は定年時が最大〉

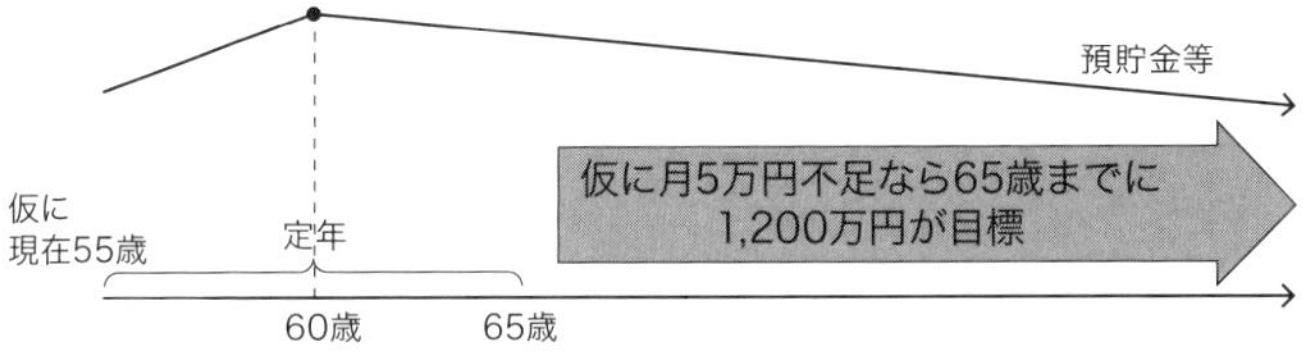

貯めるくせ（習慣）をつける

今から10年が勝負

必要額＼老後期間	20年	25年
5万円／月	1,200万円	1,500万円
3万円／月	720万円	900万円

就労収入があるうちに、
家計にメリハリをつけていく
↓
満足感のある金銭管理へ

判断能力のあるうちに、家族・
夫婦でマネープランの共有化

偶者など日頃から話し合って意思を統一しておくことです。

6 投資の基本知識（その1）

～金利と利回り

２０１８年の年明けは日経平均株価が26年ぶり高値でスタート、一時２万４０００円を超えたのち暴落し、混乱が続いています。今まで投資に関心がなかった人たちも市場に関心を持ち始めています。ただし、最近の金融商品は複雑なものも増えており、大切な老後のお金の運用に失敗しないためには「金利」と「利回り」の基礎知識は必須です。

運用している資金が一定期間にどのくらいの割合で増えるかを表すのが「利回り」。通常１年間にどのくらいの割合で増えるかを示す年利が「金利」です。仮に、「年利18％」で３ヵ月預けた場合（税考慮せず）は４・５％（18％÷12月×３月）です。

バブルが弾ける直前の「ワイド」と「ビッグ」の例（ともに１００万円投資）で比較してみます。

事例は、どちらも5年もので半年ごとに収益が出ます。ワイド（固定金利）の利回りは９・６０６％（金利は８％）、ビッグ（変動金利）の売出し時の金利は９・６３％でした。一見、ビッグ９・６３％に目がいきますが、その後１９８９年12月にバブルが弾け状況は変わり

100万円投資と仮定して電卓で計算してみると

ワイド（固定金利）　・金利８％　（半年ごとに４％）
　　　　　　　　　　・利回り　9.606％

５年後の収益→1.04（※１）××（※２）1,000,000円　＝・・(※３)
→1,480,244円≒1,480,300円
（300円で計算）

（※１）１年で８％なので、半年では４％
（※２）複利計算時　××と続ける
（※３）５年間に半年は10回あるので、＝を10回電卓で押す

1,000,000円が1,480,300円になり５年間の収益は480,300円、１年分は96,060円
１年分の利回り＝96,060円÷1,000,000円×100＝9.606％

・パンフレットの％の表示の確認
・市場の動きの確認
・固定金利か変動金利か確認　がポイント

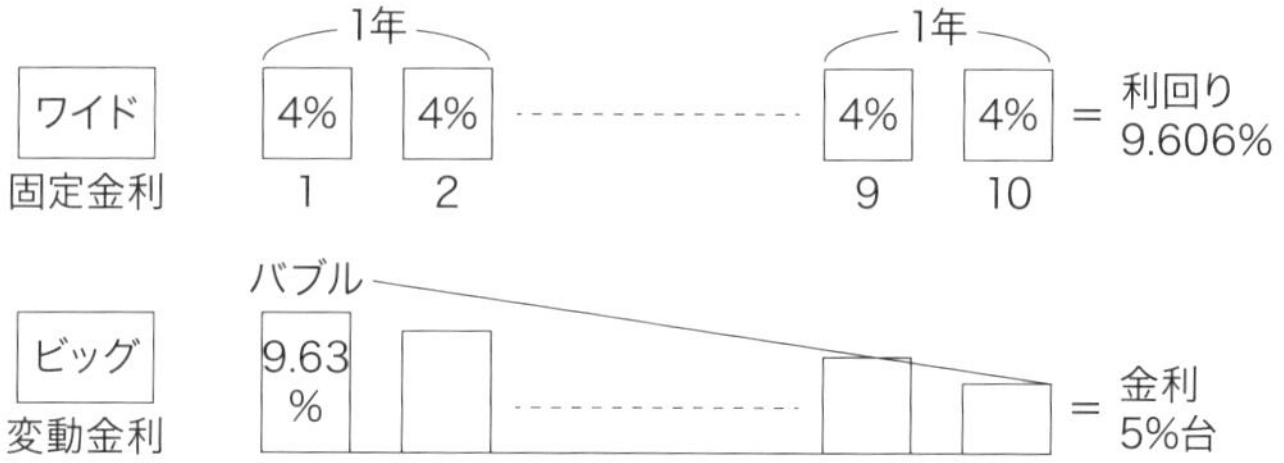

ます。
ワイドの金利は8％（半年ごとに4％の収益）の固定金利でしたので、5年間で48万300円の収益（税考慮せず）が出ました。1年分の収益は9万6060円、利回りは9・606％です。
一方、ビッグの当初金利は9・63％の変動金利でしたので、徐々に金利が下がり、5年後はワイドと差がついた例です。

7 投資の基本知識（その2）

～金利が上がれば債券価格が下がるとは？

投資商品を購入するとき、知っておくと役に立つのが金利と債券（固定利付債）価格の関係（金利変動リスク）です。一般的に景気がよくなると株価や市中金利が上昇し預貯金の金利も上昇しますが、債券は価格が下がります。債券は満期まで持っていれば、発行体の破綻などがなければ額面の金額が戻ります。今回のお話は途中売却した場合です。

例えば、10年満期の債券を購入したが途中で売却を考えたとき、購入時より市中金利が上がっていると、新しい債券の方に魅力があるため既債券の金利のままでは売却できず、価格を下げて売却せざるを得ません。これを「金利が上がれば債券価格が下がる」といいます。逆に金利が下がると債券価格は上がります。株式市場が活況になり債券を売却する場合、投資信託には株式や債券が組み込まれているので、金利動向に注意が必要です。

なお、ここでいう債券には個人向け国債は含みません。個人向け国債は、1年間のクローズ期間後の売却ではいつでも額面が戻ります。債券の格付けも参考にするといいでしょう。いずれにしてもわからない、理解できないものの購入は避けましょう。

金利が上がれば債券価格は下がる

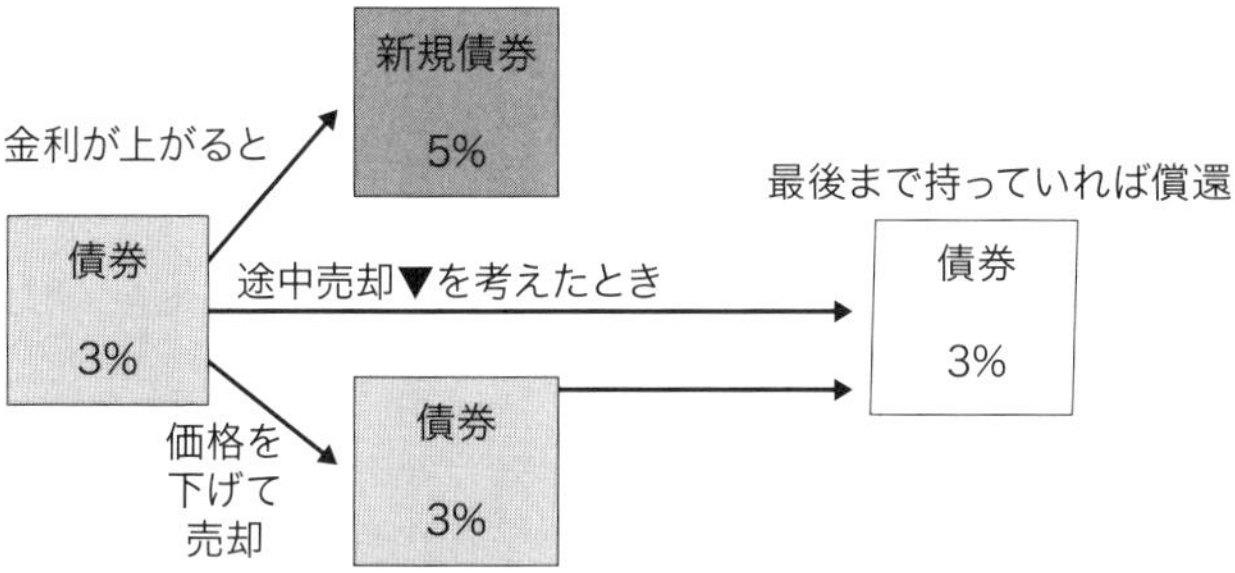

5%の債券が売り出されると、3%の債券は売却できないので
価格を下げて売却するしかない

投資は楽しみながら、かつ研究心が大切！

- 商品購入の目的、運用期間、運用金額を決めておこう
- じっくり説明を聞き、契約前に、疑問点を聞けるように学習しよう
- 我が家の全体の資産・負債とのバランスを考えて投資をしよう
- ゆとりのお金・時間・知識・期間・心がお金を増やすことを意識しておこう

8 ドルコスト平均法
～一定額を定期的に購入してリスク分散

「長生きの時代、預貯金だけでは不安」という人の投資方法の選択肢の一つが「ドルコスト平均法」です。ドルコスト平均法は、定期的に同じ金額で同一の株式や投資信託を長期間購入する投資手法です。価格が低いときに買付数量が増え、価格が高いときに買付数量が減るので、購入平均単価を下げる効果があります。

例えば、毎月1万円株式を購入したケースの場合、株価が1000円なら10株、株価が800円なら12・5株、株価が400円なら25株、株価が100円なら100株購入できます。6ヵ月間の購入金額は6万円、6月経過後の売却額は400円×272・5株で10万9000円となり、利益は4万9000円（手数料・税考慮せず）です。株価が下がったときじっくり待って、**再び上昇したときに売却の例**です。

仮に、55歳から10年投資した額を、65歳以降の小遣いに回すことも可能です。ただし、老後資金づくりが目的なら、無理のない金額で投資することが基本です。

ドルコスト平均法は買付価格を平準化する手法ですが、売却時により、必ず利益が出るとは

ドルコスト平均法の効果のイメージ

〈毎月10,000円購入〉

	株価	株数
1月目	1,000円	10株
2月目	800円	12.5株
3月目	400円	25株
4月目	100円	100株
5月目	100円	100株
6月目	400円	25株

計　272.5株
（1株当たり220.1円）
（60,000円÷272.5株＝220.1円）

〈毎月10株購入のイメージ〉

	株価	購入額
1月目	1,000円	10,000円
2月目	800円	8,000円
3月目	400円	4,000円
4月目	100円	1,000円
5月目	100円	1,000円
6月目	400円	1,000円

計　28,000円
（1株当たり466.6円）
（28,000円÷60株＝466.6円）

株価が100円に下がり100株購入。株価が下がっても慌てて売却せず、上がるのを待って売却する。
または、じっくり持ち続ける等、投資スタンスは他の資産と絡めて判断したい。

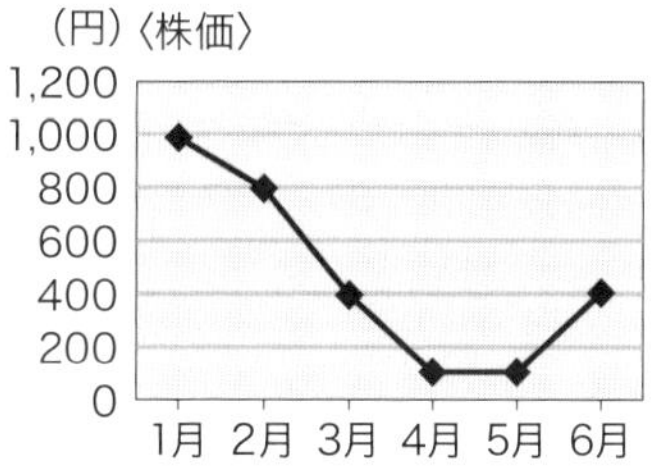

限らないので注意も必要です。長期でじっくり資産形成できるゆとり資金で投資をする、という認識は、他の投資商品と同じです。

コラム

「ゆとり」が人生をより豊かにする

～ゆとりの内容は、時間、心、知識そしていくらかのお金

リタイアメントプランとは、人生後半（50歳前後）から定年後・退職後のライフプランです。セカンドライフの満足感は定年前からのそれなりの準備で決まります。定年ではありませんが、準備って「ああ、そういうことだったの」という私の経験でお話しします。

「社会保障ミステリー」のタイトルで、新聞の連載（月1回）を依頼されたときのことです。記者曰く「最初の15行が勝負」です。当初、さあ、書こうとパソコンの前に座りますが、時間だけが無駄に過ぎていきます。そこで、移動や散歩中に、テーマ、書き出しの内容、全体の構成をほぼ固めてから書いてみました。結果、毎回パソコンの前に座って1時間ほどで満足いく内容が完成です。

おわかりですね。パソコンの前に座る前の準備、つまり定年や退職を迎える前の準備が、その後の暮らしをよりスムーズにすることが。

人生の節目を迎えたときから取り組む労力より、現役時代の仕事をしながら時間をかけていずれ迎えるそのときのために心と知識、お金の準備が、人生をより豊かにするのです。

第11章

離婚時の年金分割

～そのしくみを知っておこう

1 離婚時の年金分割には「合意分割」と「3号分割」の二種類がある

～原則、離婚した日の翌日から2年以内に請求

夫婦が離婚した場合、二人の〝婚姻期間中〟の厚生年金（保険料納付記録）を分割できます。分割方法には**合意分割**と**3号分割**があります。

「合意分割」は、平成19年4月1日以後離婚または事実婚関係を解消（事実婚関係にあった間に二人の一方が国民年金の第3号被保険者であった場合に限る）し、二人の合意（合意できない場合は裁判手続き）で按分割合（上限2分の1）を決め、二人で請求します。

「3号分割」は、平成20年5月1日以後に離婚または事実婚関係を解消し、平成20年4月以後に、どちらか一方が国民年金の第3号被保険者期間がある場合、第3号被保険者であった人が請求します。第3号被保険者期間の按分割合は2分の1です。

年金分割の手続きは、原則離婚した日の翌日から2年を経過すると請求できません。ただし、①離婚後2年以内に審判申立てや調停申立て等を行い、2年経過後に審判や調停等が確定したときは、その後1ヵ月以内の請求が必要です。②既に分割のための合意または裁判手続きによる按分割合を決定後、相手が死亡した場合、死亡日から1ヵ月以内の請求が必要です。

年金分割の手続きの流れ

情報通知書の請求手続き	○年金分割に必要な情報通知書の請求は、二人一緒でも一人でも請求できます。 ○次の人は、年金分割時の年金見込額を試算できます。 ・50歳以上の人で老齢基礎年金の受給資格期間を満たしている人は、老齢厚生年金の見込額 ・障害厚生年金を受けている人は、障害厚生年金の見込額
↓	
「年金分割のための情報通知書」の受取り	○情報通知書を日本年金機構からお送りします。 ①二人一緒に請求した場合は、それぞれに交付します。 ②一人で請求した場合は、 ・離婚をしている場合は、それぞれに交付 ・離婚をしていない場合は、請求した人のみに交付
↓	
話し合いによる合意	○年金分割を請求するには、話し合いで「年金分割の請求をすること」、「分割する場合の按分割合」の合意が必要です。 ○なお、3号分割のみ請求する場合は、二人の合意は必要がなく、第3号被保険者であった人からの手続きによって年金分割が認められます。
↓ 合意したとき	○話し合いにより年金分割の割合等を合意したときは、その合意した内容を明らかにできる書類を添付して、年金分割の請求手続きを行うことになります。
↓ 合意できないとき → 家庭裁判所への審判または調停の申立て	○話し合いで合意できなかったときは、一方が家庭裁判所に次の判断手続きを申し立てることで、按分割合を定めることができます。 ①審判手続き　②調停手続き ③離婚訴訟における附帯処分の手続き
↓	
年金分割の請求手続き	○年金分割の請求は離婚後、お互い、またはその一方が年金事務所に対し、「標準報酬改定請求書」に按分割合を明らかにできる書類を添付して行います。 （注）情報通知書の請求のみでは、年金分割はされません。 また、請求期限（離婚をした日の翌日から2年）を過ぎると、年金分割の請求はできません。
↓	
「標準報酬改定通知書」の受取り	○按分割合に基づき、厚生年金の標準報酬を改定し、改定後の標準報酬を日本年金機構からそれぞれに通知します。 ※共済加入期間を有する場合には共済組合等からも通知が届きます。

（日本年金機構ホームページより）

2 離婚時の年金分割は嬉しいが、増える平均年金約3万円(月)

～若い世代に厳しい現実

離婚件数と離婚率は減る傾向にありますが、それでも当事者の老後は深刻です。夫婦二人の年金を合わせれば何とか生活できる金額も、分けると厚生年金（共済組合期間の年金含む）を分割する人（主に男性）、分割年金を受ける人（主に女性）の年金額は思ったより厳しい現実が見えてきます。勘違いで多いのが次の2点です。

①離婚すると夫が受け取る厚生年金の2分の1を妻が受け取れる？……夫が受給できる厚生年金の2分の1でなく、婚姻期間中の夫婦の厚生年金（保険料納付記録）を、年金額の多い人（第1号改定者）から低い人（第2号改定者）に、夫婦の合計額の差額支給です。

②分割年金は請求をすると即受給できる？……第2号改定者が自分の年金を受給できるときから分割年金が加算されます。ただし、第1号改定者は年金分割改定請求をした翌月分から分割分は減額されます。年金分割の請求件数は約1割、年金分割された年金額の平均は約3万円、平均ですから婚姻期間が短く、相手の報酬も低めで、年金受給開始まで長い若い世代の効果は期待できません。

離婚分割のイメージ

○分割をした人

自身の保険料納付記録から、相手方に分割分を提供した残りの記録で、年金額が計算されます。

○分割を受けた人

自身の保険料納付記録と相手方から分割分を受けた記録で、年金額が計算されます。

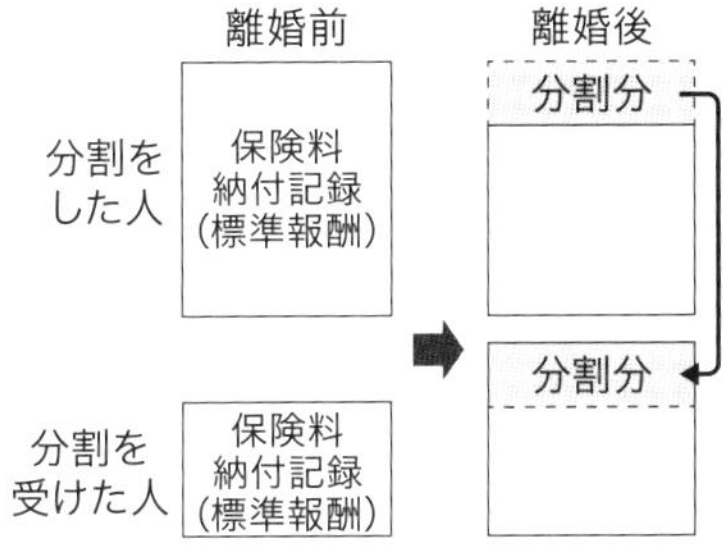

出典　日本年金機構

離婚などに伴う保険料納付記録分割件数

平成（年度）	総数（件数）	離婚分割	3号分割のみ	離婚件数（組）
27	27,149	23,448	3,701	228,879
28	26,682	21,946	4,736	219,351

離婚分割・受給権者の平均年金月額

平成（年度）	第1号改定者（分割した人）			第2号改定者（分割を受けた人）		
	平均年金月額（円）			平均年金月額（円）		
	改定前	改定後	変動差	改定前	改定後	変動差
27	136,995	111,329	▽25,666	54,819	81,647	26,828
28	140,123	109,620	▽30,503	48,546	80,513	31,967

※夫婦の婚姻期間の厚生年金期間が20年以上ある場合、第２号改定者の振替加算は停止

平成28年度厚生年金・国民年金事業の概況　（平成29年12月厚生労働省年金局）

3

離婚で老後破綻の可能性も

～前向きな離婚のススメを目指そう！

色々な事情があり夫婦が別れるのはしかたありませんが、新しい人生の仕切り直しを前向きに取り組んでほしいというのが私の願いです。特に、熟年男性は離婚後、子との関わりも薄くなりがち、ずっと単身だった人に比べ人間関係の希薄さが一挙に表面化し、退職後の孤独は増す傾向です。そうした危機感に頭を巡らすことすら思いつかない人が多くて心配です。

例えば、仕事はできるけれど生活面に疎い男性の場合、熟年離婚なら妻への財産分与などで住む場所がない、老後の年金額も月5万円ほど減額となる人もいますが、それでも生活レベルを変えられず、家計管理や高齢者施設の契約も大雑把で、老後のマネープランに関する危機感がみられない人が多いのも現実です。

一方、女性でも厚生年金等に加入して働いた期間が長いと、夫婦の婚姻期間の厚生年金の合計の2分の1（上限）との差額を受給する分割年金の効果は少ないので、老後は厳しいです。夫が国民年金加入者だと逆に相手に分割する立場になり、老後の年金額が減少します。

国民年金のみの加入者は65歳から分割年金が加算されますが、65歳前に報酬比例部分が受給

国民年金のみ加入の妻・60歳
（昭和33年４月２日生・平成30年４月離婚・分割年金月５万円）

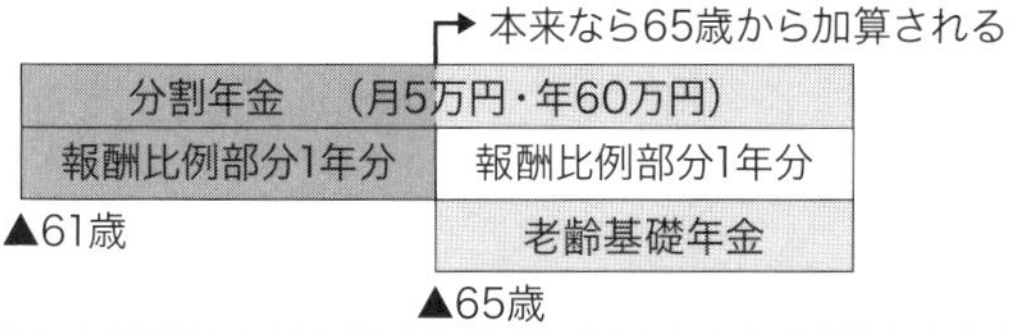

本来なら65歳から分割年金が加算されるが、厚生年金に60歳から１年加入で１年分の報酬比例部分が支給される61歳から分割年金が報酬比例部分に加算され、240万円（60万円×４年）のお得、61歳以後も働くと年金額は増える

65歳以上男性の独居率、2015年の14.0％から2040年には20.8％に上昇予想

（単位：％）

	2015年	2020年	2025年	2030年	2035年	2040年
男性・65歳以上 (75歳以上)	14.0 (12.8)	15.5 (13.8)	16.8 (15.0)	18.2 (16.1)	19.7 (17.1)	20.8 (18.4)
女性・65歳以上 (75歳以上)	21.8 (25.6)	22.4 (25.9)	23.2 (26.0)	23.9 (26.1)	24.3 (26.0)	24.5 (25.8)

出典：国立社会保障・人口問題研究所・2018年

できる人は、厚生年金（共済組合期間含む）に1年以上加入すると分割年金が増えます（上の図を参照）。

日本の世帯数の将来推計（２０１８年）によれば、一般世帯に占める単独世帯の割合は、２０１５年の34・５％から２０４０年に39・３％まで上昇が予想されています。一方、65歳以上の高齢者層の独居率の上昇は著しく、特に男性では２０１５年の14・０％から２０４０年の20・８％へ、75歳以上では12・８％から18・４％までの上昇が予想されています。40歳代以上の人の高齢期の現実は、ますます厳しさを増しそうです。

おわりに
～活動寿命を延ばしましょう

最近、「健康寿命を延ばそう」が話題ですが、私は最期まで色々なことに興味を持ち、学び、行動することで「活動寿命」を延ばせたらいいなと考えています。昔に比べ、本人の考え方やモチベーション次第で、男性・女性・高齢者に限らず、生きやすい時代になった今だからこそ、そのチャンスを活かせたら幸せです。

最期まで生き生きと活動された人の生き方を知るにつけ、「○○のために」という目的やこだわり、使命感を持てば、自分の人生の豊かさ・質を高められると気付かされました。

高齢期の現実が厳しいのは事実。だからこそ、長い人生を楽しく暮らすために、一人ひとりの才覚で活動期間を延ばす「人生の豊かさ底上げ作戦」が必要です。個人がそれぞれの人生を楽しみ活動する期間が増えれば、結果的に社会や経済も活性化するでしょう。

本書では、主に40～50歳代以上の方を対象に、これから皆さんが直面する可能性の高い年金、介護、高齢者施設、成年後見制度、基本的なお金に関する知識について書きました。

世の中の変化のスピードは速いのに、私たちの意識と対応力はあまり変わっていないという現実のギャップを含め、正直に書いています。老後は、生存していればいつか誰にでも訪れます。本書で色々なことに興味を持っていただき、更なる活動のきっかけになれば幸いです。

著者プロフィール
音川　敏枝（おとかわ　としえ）
社会保険労務士、CFP®、社会福祉士、DC アドバイザー。

成年後見人等を複数受任し、数多くの高齢者施設見学や、社会福祉士の仲間と「エンディングノート」を作成した経験を生かし、成年後見制度の啓蒙を行っている。

また、金融機関や行政・企業組合等で、女性の観点からのライフプランセミナーや年金セミナー、年金相談、お金に関する個人相談を実施。あわせて、社会復帰支援の一環として、矯正施設での金融教育啓蒙活動も行っている。

著書：「離婚でソンをしないための女のお金 BOOK」（主婦と生活社）「女性のみなさまお待たせしました　できるゾ離婚　やるゾ年金分割」（日本法令）「認知症マネーまるわかりガイド（相続、後見マネー塾・共著）」（アールズ出版）「年金計算トレーニング Book」（ビジネス教育出版社）他
http://www.cyottoiwasete.jp/

50歳になったら知っておきたい
年金・介護・高齢期の住まい・成年後見制度・リタイア後のお金 入門

2018 年 7 月 30 日　初版第 1 刷発行

著　　　者　音　川　敏　枝
発　行　者　酒　井　敬　男
発　行　所　株式会社ビジネス教育出版社

〒102-0074　東京都千代田区九段南 4-7-13
電話 03-3221-5361（代）／ FAX 03-3222-7878
E-mail ▶ info@bks.co.jp　URL ▶ https://www.bks.co.jp

印刷・製本／蔦友印刷株式会社
装丁・本文DTP ／朝日メディアインターナショナル株式会社

落丁・乱丁はお取り替えします。

ISBN978-4-8283-0721-3